全国中职汽车运用与维修专业技能大赛指导丛书

Qiche Kongtiao Weixiu Zhinan

汽车空调维修指南

中国汽车维修行业协会　组织编写
徐兴振　主　编
于开成　主　审

人民交通出版社股份有限公司
China Communications Press Co.,Ltd.

内 容 提 要

本书为全国中职汽车运用与维修专业技能大赛汽车空调维修项目的指导书，书中列举了比赛中的8个操作任务，包括作业准备、制冷剂回收前作业、制冷剂的回收与净化、抽真空作业、制冷剂加注作业、空调性能检验、电器故障诊断、制冷系统循环故障诊断。"任务"中针对大赛中易错的地方有操作提示和实用技巧，也有大赛冠军院校的经验总结。

本书可作为中等职业学校备战各级技能比赛参考使用，也可作为汽车运用与维修专业的教材，也可供相关从业人员参考阅读。

图书在版编目(CIP)数据

汽车空调维修指南/徐兴振主编. —北京：人民交通出版社股份有限公司，2017.5
（全国中职汽车运用与维修专业技能大赛指导丛书）
ISBN 978-7-114-13798-3

Ⅰ.①汽… Ⅱ.①徐… Ⅲ.①汽车空调—维修—中等专业学校—教材 Ⅳ.①U472.41

中国版本图书馆 CIP 数据核字(2017)第 089623 号

全国中职汽车运用与维修专业技能大赛指导丛书

书　　名：	汽车空调维修指南
著 作 者：	徐兴振
责任编辑：	郭　跃
出版发行：	人民交通出版社股份有限公司
地　　址：	(100011)北京市朝阳区安定门外外馆斜街3号
网　　址：	http://www.ccpress.com.cn
销售电话：	(010)59757973
总 经 销：	人民交通出版社股份有限公司发行部
经　　销：	各地新华书店
印　　刷：	北京市密东印刷有限公司
开　　本：	787×1092　1/16
印　　张：	7
字　　数：	147千
版　　次：	2017年5月　第1版
印　　次：	2017年5月　第1次印刷
书　　号：	ISBN 978-7-114-13798-3
定　　价：	18.00元

(有印刷、装订质量问题的图书由本公司负责调换)

全国中职汽车运用与维修专业技能大赛指导丛书
编审委员会

张京伟(中国汽车维修行业协会)
王凯明(中国汽车维修行业协会)
朱 军(中国汽车维修行业协会)
卞良勇(山东交通学院)
刘 亮(麦特汽车服务股份有限公司)
张小鹏(庞贝捷漆油贸易(上海)有限公司)
于开成(《汽车维护与修理》杂志社)
薛 峰(上海通用汽车有限公司)
付照洪(博世汽车服务技术(苏州)有限公司)
汪胜国(宁波市智汇汽车运用与维修技术研究中心)
麻建林(宁波公运教育科技有限公司)
励 敏(江苏省无锡汽车工程中等专业学校)
王 宁(青岛市城阳区职业中等专业学校)
林育彬(宁波市鄞州职业高级中学)
林旭翔(杭州技师学院)
徐兴振(苏州建设交通高等职业技术学校)
康学楠(中国汽车维修行业协会)
沈建伟(《汽车维护与修理》杂志社)
李 斌(人民交通出版社股份有限公司)
翁志新(人民交通出版社股份有限公司)

全国职业院校技能大赛(以下简称"大赛")是中华人民共和国教育部发起,联合相关部门、行业组织和地方共同举办的一项全国性职业院校学生技能竞赛活动。大赛作为我国职业教育工作的一项重大制度设计与创新,深化了职业教育教学改革,推动了产教融合、校企合作,促进了人才培养和产业发展的结合,扩大了职业教育的国际交流,增强了职业教育的影响力和吸引力。大赛已经成为广大师生展示风采、追梦圆梦的广阔舞台,成为促进我国职业教育改革发展的重要抓手,对职业院校办出特色、办出水平的引领作用日益凸显。

汽车运用与维修(中职组)赛项是大赛94个竞赛项目中规模最大、影响力最大的赛项之一。本赛项每年吸引数百所院校参赛与观摩,诸多院校对赛项的考核要求、评分标准等内容关注度非常高,为了满足院校的需求,由汽车运用与维修(中职组)赛项承办单位中国汽车维修行业协会作为主要发起方,联合人民交通出版社股份有限公司,共同组织了本赛项5个项目的裁判长、本赛项近三年冠军院校的指导老师以及业内知名专家齐聚山东德州,启动了全国中职汽车运用与维修专业技能大赛指导丛书的编写工作。

本套书共6本,其中《汽车运用与维修技能大赛赛事指南》为大赛承办单位对本赛项一个概要性介绍;其余5本分别对应5个分赛项,以实际操作流程为主线,结合编者所在院校多年的备赛经验和参赛体会,针对大赛中易错的地方有操作提示,针对训练中需要注意的地方有实用技巧,更有经验总结、要点说明等"精华",文后有从本赛项题库中遴选的部分理论试题并配有解析。本套书的出版在一定程度上说明了大赛怎么办,大赛怎么准备,大赛怎么比的问题,为广大中职、技工院校办赛、备赛、比赛提供了参考。

《汽车空调维修指南》是本套指导丛书中的一本。本书由苏州建设交通高等职业技术学校徐兴振担任主编,许文杰担任副主编,由李蒋、王英杰、江苏省吴江中等专业学校缪明雅、福建理工学校刘亮亮担任参编,由《汽车维护与修理》杂志社副社长兼总编于开成担任主审。本书的编写团队主要来自苏州建设交通高等职业技术学校汽车工程系,该系在汽车空调维修方面有较强的实力,曾培养出两届全国技能大赛汽车空调维修项目冠军等多名优秀人才。本书的主审于开成老师多次担任汽车运用与维修(中职组)赛项空调维修项目的裁判长。

限于编者的经历和水平,书中难免有不妥或错误之处,敬请广大读者批评指正,提出修改意见和建议,以便再版修订时改正。

编审委员会
2016年9月

目录

任务一 作业准备 ·········· 1
 一、任务说明 ·········· 1
 二、理论知识 ·········· 1
 三、技术标准 ·········· 3
 四、所需工具、辅料和设备 ·········· 4
 五、任务实施 ·········· 4
 六、任务评价表 ·········· 9

任务二 制冷剂回收前作业 ·········· 10
 一、任务说明 ·········· 10
 二、理论知识 ·········· 10
 三、技术标准 ·········· 12
 四、所需工具、辅料和设备 ·········· 13
 五、任务实施 ·········· 13
 六、任务评价表 ·········· 17

任务三 制冷剂的回收与净化 ·········· 18
 一、任务说明 ·········· 18
 二、理论知识 ·········· 18
 三、技术标准 ·········· 20
 四、所需工具、辅料和设备 ·········· 22
 五、任务实施 ·········· 22
 六、任务评价表 ·········· 28

任务四 抽真空作业 ·········· 29
 一、任务说明 ·········· 29
 二、理论知识 ·········· 29
 三、技术标准 ·········· 31
 四、所需工具、辅料和设备 ·········· 32
 五、任务实施 ·········· 32
 六、任务评价表 ·········· 35

任务五 制冷剂加注作业 ·········· 37
 一、任务说明 ·········· 37
 二、理论知识 ·········· 37
 三、技术标准 ·········· 37
 四、所需工具、辅料和设备 ·········· 40
 五、任务实施 ·········· 40
 六、任务评价表 ·········· 45

任务六 空调性能检验 ·········· 46
 一、任务说明 ·········· 46
 二、理论知识 ·········· 46
 三、技术标准 ·········· 52
 四、所需工具、辅料和设备 ·········· 53
 五、任务实施 ·········· 53
 六、任务评价表 ·········· 64

任务七 电器故障诊断 …… 65

一、任务说明 ………………… 65
二、理论知识 ………………… 65
三、技术标准 ………………… 71
四、所需工具、辅料和设备 …… 72
五、任务实施 ………………… 72
六、任务评价表 ……………… 88

任务八 制冷系统循环故障诊断 … 89

一、任务说明 ………………… 89
二、理论知识 ………………… 89
三、技术标准 ………………… 92
四、所需工具、辅料和设备 …… 92
五、任务实施 ………………… 93
六、任务评价表 ……………… 103

任务一 作业准备

一、任务说明

本项工作任务目的是进行空调系统检修前的作业准备,一方面可提升后续工作效率,另一方面可避免很多作业安全隐患,主要内容包括车辆状况检查和工具设备检查两个环节。

二、理论知识

1. 事故

(1)事故的因素。

事故的因素有人为因素和自然因素。人为因素是由于不正确的使用设备或工具,穿着不合适的衣物或由于操作人员不小心造成的事故。自然因素是由于设备或工具出现故障或缺少完整的安全装置、工作环境不良等原因造成的事故,如图所示。

(2)事故的危害。

事故的后果有设备损坏或人身伤害。如果在工作中发生事故,将对你本人及家庭、同事和公司造成非常大的影响。

操作提示

安装车轮挡块可以防止车辆检修过程中,因人为误起动或误挂挡等误操作引起的溜车。安装尾气抽排装置可以防止车辆尾气在车间内扩散导致工作人员吸入而产生的伤害或事故,并保持良好的工作环境。

2. 做好车内外防护的重要性

在对客户车辆进行维修操作前,必须对客户车辆的内外做好防护工作,这不仅为了保护车辆,也能体现企业"客户至上"的理念。为了避免在操作时弄脏客户车内,应铺好地板垫、座椅套、转向盘套、换挡杆套等;为了避免在操作时损坏或腐蚀车辆外部,应铺好翼子板布、前围;为了可靠保证车辆不移动,还应放好车轮挡块,如图所示。此外,为了保护操作环境,在起动发动机前,还应接上烟道。在对车辆维护操作完成后,还应对车内外进行清洁。

注意:车内外防护是5S的重要体现,坚持5S可以提高工作效率、自信心,实现快速可靠工作。带来的清新环境,也会给客户带来良好的感受。

5S——整理(确认某种物品是否需要,如不需要应立即丢弃,以便有效利用空间。该物品可以是工具、零件甚至信息。应在指定的地方丢弃不需要的物品);整顿(对需要的物品,根据使用频率进行整顿,以方便使用);清扫(使工作场地及场地内的所有物品都保持干净的过程,使设备处于完全正常的状态,保证随时都可正常使用);清洁(保持整理、整顿、清扫的过程);素养(通过持续的整理、整顿、清扫、清洁使之成为习惯的过程)

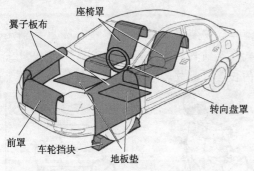

3.防火(如图所示)

(1)不得在工作场所吸烟。如在吸烟区吸烟后,应确认烟头熄灭在烟灰缸里。

(2)千万不要在正在充电的蓄电池旁使用明火或产生火花的设备,因为在充电时蓄电池产生可燃性气体——氢气。

(3)在机油存储地或可燃性的零件清洗剂附近,不要使用明火。

(4)仅在必要时才将燃油或清洗剂带到车间,携带时还应使用密封的容器。

(5)在特定条件下,吸满机油和汽油的碎布可能发生自燃,所以,应将其放入带盖的金属容器内。

(6)不要将可燃性废机油或燃油倒入污水管道,这不仅造成环境污染,还将可能造成污水管道发生火灾,应将这些废油倒入指定的回收容器内。

(7)在维修车辆燃油系统前,应断开蓄电池的负极,在没有修好前,可以防止误起动。

(8)让员工知道灭火器、灭火沙、消防栓放在何处,怎么使用,如图所示。

4.防电(如图所示)

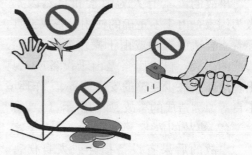

(1)拔电缆插头时,不要拉电线,而应拉插头本身。

(2)对于标有故障的电气开关,千万不要触碰。

(3)不要靠近断裂或摇晃的电线。

(4)千万不要用湿手接触电气设备。

(5)千万不要让电线通过尖角、潮湿、有油污、高温的地方。

(6)千万不要在电动机、配电箱等附近使用易燃物。

(7)如发现电气设备不正常,应立即关掉开关,如图所示。

注意:如果因电路或电气设备引起的火灾或人身伤害,应先断开电源开关,再施救。

5. 车辆状况检查的重要性

车辆状况的检查主要包括机油、制动液、冷却液的液位检查以及传动带、线束、蓄电池的检查。机油、制动液、冷却液是车辆及发动机的必需运行材料,对其液位进行检查,可以在操作前发现隐患。传动带、线束、蓄电池是空调系统运行的主要器件,操作前需对这些系统进行初步排查,然后做进一步的检修操作。

三、技术标准

(一)作业要求

1. 车辆状况检查的操作流程

(1)检查车辆停放。

(2)安装车轮挡块、烟道。

(3)安装车内防护用品(安装地板垫、转向盘套、座椅套)。

(4)确认车辆处于驻车制动状态。

(5)拉发动机机舱盖释放杆,打开发动机机舱盖。

(6)安装车外防护用品(安装翼子板布、前格栅布)。

(7)检查填写车辆VIN。

(8)检查机油液位、冷却液液位、制动液液位。

(9)检查传动带、发动机线束、蓄电池电压。

2. 工具设备检查的操作流程

(1)检查制冷剂鉴别仪。

(2)检查制冷剂检漏仪。

(3)检查风速计。

(4)检查干湿计。

(5)检查汽车空调诊断仪。

(6)检查荧光式检漏仪工具组。

(7)检查 AC350C 制冷剂回收/再生/充注机。

(二)考核要点

(1)确保车辆在操作区内或举升区域内停放周正。

(2)车轮挡块应安装到位,尾气抽排装置应插入到位。

(3)会正确安装车内外防护用品,安装齐全、防护到位。

(4)会确认驻车制动器操纵杆处于实施驻车制动状态。

(5)能正确填写车辆VIN。

(6)发动机舱盖支撑牢靠。

(7)会正确检查机油液位、冷却液液位、制动液液位,检查方法应正确,结果判断应准确。

(8)会正确检查传动带,检查方法应正

确,结果判断应准确。

(9)会正确检查发动机线束,检查方法应正确,结果判断应准确。

(10)会正确检查蓄电池电压,检查方法应正确,结果判断应准确。

(11)会正确检查空调系统,检修相关工具设备,检查方法应正确,结果判断应准确。

四、所需工具、辅料和设备

(1)科鲁兹2013款1.6L天地版。
(2)AC350C制冷剂回收加注机一台。
(3)车内、车外三件套和车轮挡块。
(4)防护眼镜和防护手套。

五、任务实施

活动1 车辆状况检查

1 检查车辆停放。

操作提示

检查车辆停放在规定作业区内,环车检视并确保车辆在举升区域内停放周正。

2 安装车轮挡块。

操作提示

车轮挡块应安装到位并在安装时避免碰到轮毂。

3 安装废气烟道。

尾气抽排装置应插入到位,以免作业过程中脱落。

操作提示

作业前,必须安装车轮挡块和尾气抽排装置,否则会有安全隐患。

4 安装车内防护用品(安装地板垫、转向盘套、座椅套)。

操作提示

地板垫放置要平整、不允许歪斜;座椅套应将座椅全部罩住;转向盘套应完全罩住转向盘。

5 确认车辆处于驻车制动状态。

操作提示

确认驻车制动器操纵杆处于实施驻车制动状态,否则有安全隐患。

6 拉发动机机舱盖释放杆,打开发动机机舱盖。

操作提示

一定要确保发动机机舱盖支撑牢靠,以防作业过程中支撑不牢靠,导致人身伤害。

7 安装车外防护用品(安装翼子板布、前格栅布)。

操作提示

翼子板布和前格栅布要有效遮挡车身部位,有品牌标识和企业名称的一面朝外。

8 检查填写车辆 VIN。

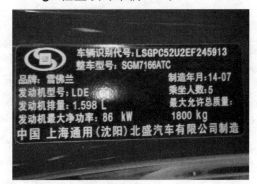

9 检查机油液位。

操作提示

先抽出并擦拭机油标尺;再将机油标尺完全插入导管停留片刻,再次抽出机油标尺;保持握持端在上刻度以下,查看机油液位;机油液位应处于上下刻度标线之间。

10 检查冷却液液位。

操作提示

目视检查冷却液液位,应处于规定刻度之间。光线不足时,可借助手电筒观察。

11 检查制动液液位。

操作提示

目视检查制动液液位,应处于上下标线之间。光线不足时,可借助手电筒观察。

制动液又称刹车油,具有一定的腐蚀性。如溅在车漆表面应及时清洁处理,如溅在眼睛或皮肤上,应用清水冲洗并立即就医。

12 检查传动带。

操作提示

目视检查传动带,应无老化、开裂、鼓包等破损;用手翻转传动带,应不大于90°。光线不足时,可借助手电筒观察。

13 检查发动机线束。

操作提示

检查发动机线束及各接插件,应无破损、松动等。光线不足时,可借助手电筒观察。

14 检查蓄电池电压。

操作提示

用万用表,选择直流电压20V挡,测量蓄电池电压,在发动机不起动状态下,蓄电池电压应不低于12V。

活动2 工具设备检查

1 检查制冷剂鉴别仪。

操作提示

设备电源线、外壳、显示屏、按键等应无破损。

(1)进气口无堵塞。

任务一 作业准备

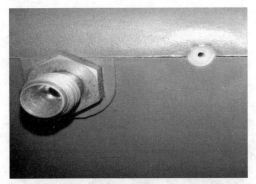

（2）排放口无堵塞。

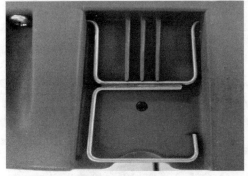

（3）采样过滤器滤芯应无红斑或变色。

注意：若白色滤芯外径上任何处出现红斑或变色，不及时更换，会导致仪器严重损坏。

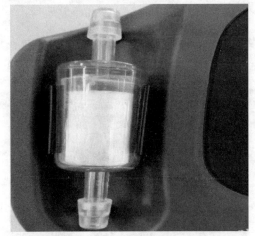

2 检查制冷剂检漏仪。

操作提示

目视检查制冷剂检漏仪，设备探杆探头、外壳、显示屏、按键等应无破损。

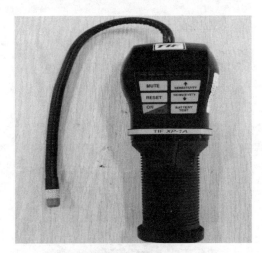

3 检查风速计。

操作提示

目视检查风速计，设备外壳、显示屏、按键等应无破损。

检查风速计工作正常。

4 检查干湿计。

操作提示

目视检查干湿计,设备外壳、显示屏、按键等应无破损。

5 检查汽车空调性能诊断仪。

操作提示

目视检查汽车空调性能诊断仪,设备外壳、显示屏、按键等应无破损;配件齐全且无损坏。

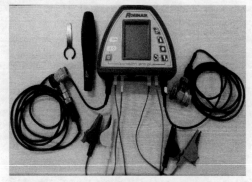

检查汽车空调性能诊断仪测试线连接正常。

6 检查荧光式检漏仪工具组。

操作提示

目视检查荧光式检漏仪工具组,配件齐全且无损坏。

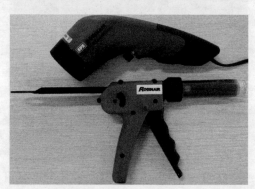

7 检查 AC350C 制冷剂回收/再生/充注机。

操作提示

(1)检查设备电源线应无破损,接头无松动。

(2)检查设备外壳、显示屏、按键等应无破损。

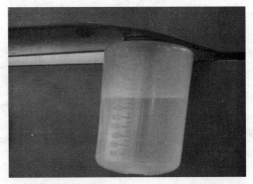

(3)检查设备软管应无破损,接头无松动。

(5)检查真空泵油液位在规定范围内。

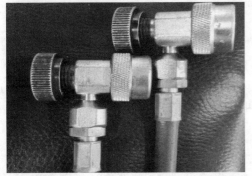

(4)检查注油瓶和排油瓶附近无渗漏。

六、任务评价表

任务评价表(满分100分)　　完成时间_____

考核时间	配分	评价标准	得分
10 (min)	100	未确认车辆是否处于驻车状态,扣10分	
		未安装车轮挡块,扣10分	
		未检查三个液位,扣10分	
		未正确记录VIN码,扣10分	
		未检查蓄电池电压,扣10分	
		未检查发动机线束连接是否可靠,扣10分	
		未检查制冷剂鉴别仪的滤芯,扣10分	
		未检查AC350真空泵的液位,扣10分	
		未检查采样管是否有油污和损坏,扣10分	
		未确认空调性能分析仪TK线连接是否正确,扣10分	

任务二　制冷剂回收前作业

一、任务说明

一辆发动机型号为 LDE 的 2013 年雪佛兰科鲁兹轿车。通过检测空调系统的压力发现系统压力过低,怀疑空调系统有泄漏,在维修空调系统前先要回收制冷剂,以确保安全和保护环境。

本项工作任务目的是制冷剂回收前所做的,当空调系统制冷效果不良时,可以通过空调诊断仪的测量功能、控制功能以及自诊断功能等进行故障诊断与排除。

二、理论知识

1. 制冷剂

制冷系统中不断循环并通过其本身的状态变化以实现制冷的工作物质。

2. 常用制冷剂的类型

R134a(四氟乙烷)是一种使用最广泛的中低温环保制冷剂,它具有良好的综合性能,使其成为一种非常有效和安全的 R12(二氯二氟甲烷)的替代品,可以应用于使用 R12 制冷剂的多数领域。

3. 内循环

指鼓风机吹出的风只在车内部循环,由于没有外部空气参与,具有省油、制冷(制热)快的优点,缺点是不利于车内空气的更新。

4. 外循环

指鼓风机从车外部吸入空气吹入车内。优点是保持车内空气的新鲜度,但费油,制冷(制热)速度慢。

5. 制冷剂鉴别仪的使用方法

(1)操作前的检查。

①检查仪器外面的圆柱形容器中的白色过滤芯上是否有红点。任何红点的出现都说明过滤器需要更换,以避免仪器失效。

②根据需要选择一根 R12 或 R134a 采样管。检查采样管是否有裂纹、磨损痕迹、脏堵或污染。绝对不可以使用任何有磨损的管子。把采样管安装到仪器的样品入口处。

③检查仪器头部的进空气口,再检查仪器中部边缘的样品出口,以确保它们没有堵塞。

④检查空调系统或制冷剂罐上的样品出口处,确保出口为气态出口,不会有液态或油出来。

⑤将仪器的电源接头连接到车载电源

或市电电源上。

(2)操作步骤。

①给仪器通电。

②让仪器预热2min。

③在预热过程中,您需要将当地的海拔输入到仪器的内存中。仪器可以在海拔变化为152m(500ft)的范围内自动调节,所以初次使用时必须输入当地的海拔。正常的气压变化不会影响仪器的运行。一般情况下只需输入一次海拔,只有当仪器在另一个海拔的地方使用时才需要重新输入海拔。

④仪器将会通过进空气口吸入环境空气约1min。环境空气是用于校正测试元件并排除残余的制冷剂气体。

⑤根据仪器的提示,把采样管的入口端接到车辆空调系统或制冷剂罐的出口上。按A按钮。制冷剂样品会立即开始流向仪器。仪器对样品的分析过程需要大约1min的时间。

⑥当分析完成后,立即从制冷剂罐上拆下采样管。

⑦分析的结果将在仪器的显示屏上以下列符号显示出来。

a. PASS:说明样品的纯度达到98%或更高。制冷剂的种类和空气的污染程度也会同时在显示屏上显示出来。

b. FAIL:说明样品被测定为R12和R134a的混合物,无论是R12还是R134a的纯度都没有达到98%,或者混合物太多。同时还将显示R12、R134a和空气的百分含量。

c. FAIL CONTAMINATED:说明测定的样品有未知制冷剂,如R22或碳氢类在混合物中的含量占4%或更多。在这种模式下,不能显示制冷剂或空气混合物的含量。

d. NO REFRIGERANT – CHK HOSE CONN:说明测定的样品中空气含量达到90%或更高。通常情况下是因为R134a采样管的接头没有打开,采样管没有与样品来

源接通,或样品来源中没有制冷剂存在。

⑧分析结果将保留在仪器的显示屏上,直到使用者按下A按钮。按下A按钮后要根据显示屏的提示进行操作。

⑨如果需要对另一个样品进行检测,直接从步骤⑤开始操作。如果不需要再进行检测,拆下仪器的电源线,检测完毕。

(3)操作结束后的清理步骤。

①从仪器样品入口处拆下采样管。观察管子是否有磨损、裂纹、油堵或污染,并及时更换。擦净管子的外表面,将管子卷起放入盒子中。

②检查样品过滤器是否有红点出现。如果发现有任何红点,根据维护程序中的步骤更换样品过滤器。

③从仪器上拆下电源线,擦净,卷起收到存储盒中。

④用湿布清理仪器的外表面。不要使用溶剂或水直接清理仪器。将清理干净的仪器放入存储盒中。

6. 电子检漏仪的使用

(1)操作面板说明。

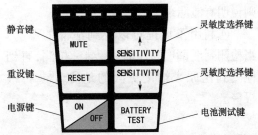

①静音键。按下静音键不再声音报警,而是LED灯闪烁。声音的大小反映出泄漏的大小和强弱(浓度)。

②重设键。利用该键可以找到泄漏的源头。当检测到泄漏时按下该键,继续检测,直到检测到比原来浓度更大的地方才会再次报警,这样一步步进行下去即可精确地找到泄漏的源头。

③电源键。用于打开和关闭仪器。

④灵敏度选择键。用于调高灵敏度,分为7个等级,等级越高LED灯亮的数目越多。

⑤灵敏度选择键。用于调低灵敏度,分为7个等级,等级越低LED灯亮的数目越少。

⑥电池测试键。按下电池测试键,指示灯点亮的颜色表示着不同的电池电量,另外,LED灯还有两项重要功能:显示电池电量,最左边的灯是常亮的,绿色表示电量充足,橙色表示不足,红色表示立即更换;显示泄漏的大小和强弱,显示绿色表明泄漏较小,橙色表明泄漏一般,红色表示泄漏很大,如下图所示。

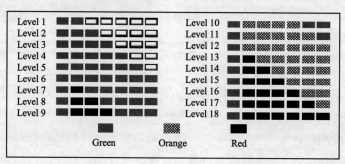

Green:绿色;Orange:橙色;Red:红色。

(2)操作说明。

①开机。按电源键,开机。

②调节灵敏度。按灵敏度选择键,调节灵敏度,使第一个LED灯点亮,其他LED灯熄灭,仪器发出频度不高的声音。

③将仪器的探头指向被检区域(不要接触),若点亮的LED灯增多,声音频率增高,则说明有泄漏现象。

④利用重设键可以找到泄漏的源头。当检测到泄漏时按下该键,继续检测,直到检测到比原来浓度更大的地方才会再次报警。

三、技术标准

1. 类型鉴别

制冷剂类型的鉴别可采用以下方法:

(1)查阅《车辆使用手册》,确认制冷装置规定的制冷剂类型(HFC-134a或CFC-12)。

(2)检查汽车发动机舱内的空调系统标识、标牌或标签,查看压缩机、膨胀阀等部件上的标牌或标识,确认制冷装置规定的制冷剂类型(HFC-134a或CFC-12)。

(3)按(1)或(2)做初步判别后,还应采用制冷剂鉴别设备检测制冷装置中制冷剂的类型,确认是否与其规定的制冷剂类型一致。

2. 纯度检测

采用制冷剂鉴别设备对制冷装置中的制冷剂纯度进行检测。

3. 检测结果

根据制冷剂的检测结果确定作业方式:

(1)制冷装置中存在一种制冷剂(HFC-134a或CFC-12),且与制冷装置规定的制冷剂类型相符,应进行回收。纯度低于96%时,应按要求进行净化。

(2)制冷装置中存在一种制冷剂(HFC-134a或CFC-12),但与制冷装置规定的制冷剂类型不符,应进行回收。纯度低于96%时,应按要求进行净化。

(3)制冷装置中存在"未知制冷剂"或两种以上类型的制冷剂,表明制冷装置中是多种制冷剂的混合物,这种情况下,不应使用作业用的回收/净化/加注设备进行操作,应采用另外的制冷剂回收设备进行回收或请专业机构进行回收和处理。

4. 检漏

(1)真空检漏。

①起动回收/净化/加注设备的真空泵,抽真空至系统真空度低于 -90kPa。关闭歧管表阀门,停止抽真空,并保持真空度至少15min,检查压力表示值的变化。

②如压力未回升,继续按微小泄漏量检漏的要求进行微小泄漏量的检查。

③如压力回升,则继续抽真空,如累计抽真空时间超过30min,压力仍回升,则可以判定制冷装置有泄漏,应检修制冷装置,并重复进行真空检漏的操作。

(2)微小泄漏量检漏。选择以下适宜的方法进行微小泄漏量的检漏。

①电子检漏:制冷装置中充入 0.5~1.5MPa 的氮气或 0.35~0.5MPa 的制冷剂(以检漏设备要求的介质压力为准),采用相应的制冷剂检漏设备进行检漏,应反复检查2~3次。

②加压检漏:用加压设备在制冷装置中充入1.5MPa的氮气,保持压力1h,如压力表示值下降,则制冷装置存在泄漏,应在各接头处和可疑位置涂抹肥皂水作进一步检查。

③荧光检漏:制冷装置中充入含有荧光剂的制冷剂,运行 10~15min 后,用紫外线灯照射各接头处和可疑位置,如有黄绿色或蓝色荧光,证明该处存在泄漏。

(3)补漏。通过检漏操作确定泄漏点后,应进行补漏,并按微小泄漏量的要求重复进行微小泄漏量检漏,直到确认制冷装置无泄漏。

(4)操作要点。

①检漏前,应清洗检测部位的污物和结霜,防止阻塞制冷剂检漏设备探头。

②检漏时,应重点检查以下部位:

a. 制冷装置的主要连接部位,如管接头及喇叭口、连接件、三通阀、压缩机轴封、软管表面、维修阀及充注口等。

b. 拆装或维修过的部件的连接部位。

c. 压缩机的轴封、密封件和维修阀。

d. 冷凝器和蒸发器被划伤的部位。

e. 软管易摩擦的部位。

f. 有油迹处。

③使用制冷剂检漏设备进行检漏时,其探头不应直接接触元器件或接头,并置于检测部位的下部。

④应定期检查检漏设备的灵敏性。

⑤不宜使用卤素检漏设备进行检漏。

四、所需工具、辅料和设备

(1)科鲁兹2013款1.6L天地版。
(2)AC350C制冷剂回收加注机一台。
(3)车内、车外三件套和车轮挡块。
(4)防护眼镜和防护手套。
(5)电子检漏仪一台。
(6)制冷剂鉴别仪一台。

五、任务实施

活动1 车辆运行检查

1 起动发动机。

操作提示

出于安全方面的考虑,需要踩住制动踏板、检查驻车制动器、变速器挡位处于"P"

位,以免造成溜车,避免出现意外伤害。

2 检查仪表板上的各种指示灯是否正常点亮。

操作提示

需要正常点亮的指示灯有发动机故障警告灯、ABS 故障警告灯、气囊警告灯。

3 故障警告灯是否正常熄灭。

操作提示

需要点亮后熄灭的故障指示灯有发动机故障警告灯、ABS 故障警告灯、气囊警告灯。

4 出车检查发动机运转是否平稳,压缩机是否运转(AC 开关没有打开)。

操作提示

如果压缩机转动说明空调系统有故障,发动机抖动说明发动机有故障需要维修。

5 检查空调控制面板外观是否损坏,空调面板各操作键指示灯是否点亮。

操作提示

如果没有点亮说明空调系统有故障,不可进行回收作业。

6 打开 AC 开关,打开鼓风机,检查发动机运转情况和压缩机是否运转。

操作提示

如果压缩机没有运转,说明空调系统有故障,不可进行回收作业。

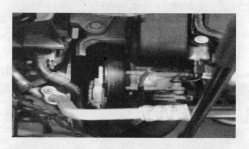

7 打开鼓风机,感知空调出风口温度是否变化,初步判别空调系统是否正常。

8 旋转鼓风机调节开关,测量每个挡位风量是否有变化。

操作提示

鼓风机调节开关必须每个挡位都检查。

9 切换到脚步出风,检查脚步出风是否正常。

任务二 制冷剂回收前作业

10 切换到正面出风,检查正面出风是否正常。

11 切换到除霜出风,检查除霜出风是否正常。

12 切换到外循环,检查正面出风口风量是否变化。

13 切换到内循环,检查正面出风口风量是否变化。

操作提示

内循环出风口风速大于外循环出风口风速。

活动2 制冷剂类型鉴别和纯度检测

1 制冷剂鉴别仪的进气口、出气口是否堵塞,净化接口是否关闭。

2 检查制冷剂鉴别仪的滤芯是否有红斑和油污。

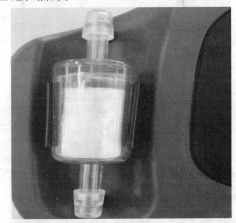

3 将制冷剂鉴别仪挂在发动机舱盖挂钩上。

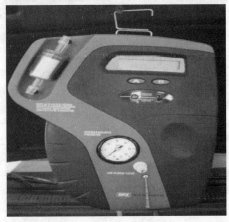

> **操作提示**
>
> 挂制冷剂鉴别仪前确保发动机已经熄火。

4 设置海拔,根据当地海拔设定。

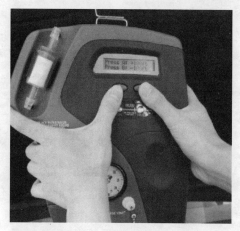

5 检查制冷剂鉴别仪采样管是否有油污、堵塞、破损。

6 连接采样管,检查制冷剂鉴别仪压力表压力是否为15psi(1psi=6.895kPa)。

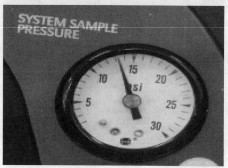

> **操作提示**
>
> 连接采样管前,确认采样管手阀关闭,连接低压维修阀口,连接完成后打开手阀。连接时佩戴安全防护用品。

7 按A开始检测,记录、判别检测结果。

> **操作提示**
>
> 单一制冷剂纯度低于96%或有两种及以上类型制冷剂的不可回收。

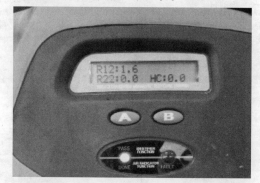

8 断开低压维修阀口,断开制冷剂鉴别仪。

> **操作提示**
>
> 断开低压维修阀口后,需要用抹布迅速堵住采样管手阀,防止采样管内的制冷剂喷溅出来。

活动3 制冷剂泄漏检查

1 确认回收加注机高、低压阀关闭。

2 确认高、低压手阀关闭。

3 连接空调系统高、低压维修阀口。

操作提示

连接高、低压维修阀口前需要做好安全防护并清洁各阀口,连接时注意回收加注机的高、低压管路不可碰到任何运动件和高温件。

4 完全打开高低压手阀。

5 查看回收加注机压力表压力,高低压表的压力应大于350kPa。

操作提示

高、低压表的任何一个压力低于350kPa将不可以进行电子检漏。

6 关闭高、低压手阀,断开高、低压维修阀口。

操作提示

断开高、低压维修阀口时应佩戴好防护用品,清洁高、低压维修阀口和高低压手阀。

7 设定电子检漏仪,检漏仪的灵敏度为三格。

8 开始电子检漏,检漏点为各软管及接头、高低压维修阀口、压缩机轴封、储液干燥器、冷凝器等部位。

操作提示

电子检漏仪的测量点应在被测物的下方,测量头不可以触碰任何物体,同时每个被测物下方应该停留大于3s。

9 对被测部位进行二次检漏。

操作提示

如果电子检漏仪发出连续的蜂鸣声时,清洁电子检漏仪测量头,再次测量,反复多次还是发出连续的蜂鸣声说明有泄漏,防止发生误报。

10 检漏完成后再次连接高、低压维修阀口(连接方法同上)。

六、任务评价表

任务评价表(满分100分)   完成时间_____

考核时间	配分	评价标准	得分
10 (min)	100	未检查驻车挡位的位置,扣5分	
		未确认故障警告灯正常熄灭,扣5分	
		未出车检查压缩机和发动机的运转状况,扣5分	
		未检查鼓风机的每个挡位,扣5分	
		未检查各出风模式是否正常,扣5分	
		未检查内外循环是否正常,扣5分	
		未检查采样管是否正常,扣5分	
		未检查制冷剂鉴别仪,扣5分	
		海拔设置有误,扣5分	
		制冷剂鉴别的结果分析有误,扣5分	
		未正确读取空调系统压力,扣10分	
		未正确设置电子检漏仪,扣10分	
		未按要求正确检漏空调系统各位置,扣10分	
		未按要求复检泄漏点,扣10分	
		未正确连接回收加注机的高低压管,扣10分	

任务三　制冷剂的回收与净化

一、任务说明

一辆2013款科鲁兹汽车发现空调系统制冷效果不佳,经检测发现空调系统管路部分有泄漏,为完成对空调管路的维修,现需要对制冷剂进行回收。

本项工作任务目的是正确使用AC350加注机,当空调系统需要进行管路维修时,首先需要回收制冷剂,以减少对环境的污染。回收制冷剂前,应对制冷装置内部进行清洗。同时当制冷剂纯度不够,低于96%时,也需要首先进行回收,然后进行净化。抽真空前,检查压力表示值,制冷装置中的压力应低于70kPa,如超过该压力,应重新进行回收操作,直至压力达到要求。

二、理论知识

1. AC350C制冷剂加注回收机简介

AC350C制冷剂加注回收机(以下简称AC350C)能够完成车辆空调制冷剂的回收、再生、充注和检漏操作,如图所示。AC350C型产品用于对HFC-134a或者CFC-12其中一种制冷剂的回收、再生和充注,一旦选用了HFC-134a或者CFC-12,系统就只能使用这一种制冷剂。

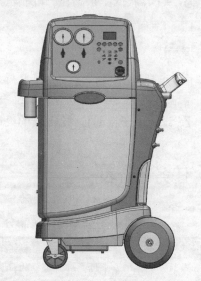

操作提示

(1)在使用设备时请佩戴防护眼镜。所有的管道都可能有高压的液态制冷剂。当断开接头时请特别小心。

(2)不要向内置存储罐过多充注,不要向已经充注满的容器回收或加装制冷剂。过多充注可能导致爆炸和严重的人身伤害,甚至死亡。

(3)当确定使用了一种制冷剂,就不能使用另一种。不要用一个系统或者同一个容器混装制冷剂;制冷剂混合物会严重损坏设备和汽车空调系统。

2. AC350C 控制面板(如图所示)

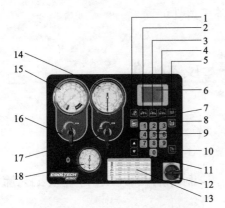

1-排气:运行排气功能的快捷键。

2-回收:回收空调系统的制冷剂。

3-抽真空:将空调系统进行抽真空。

4-充注:向空调系统充注制冷剂。

5-菜单:进入菜单程序的快捷键。

6-显示屏:显示操作信息。

7-开始/确认:开始/确认程序的进行。

8-停止/取消:停止/取消程序的进行。

9-键盘:输入数据键。

10-数据库:进入数据库的快捷键。

11-上下键:上下选择键。

12-电源开关:开机或关机。

13-多语言对照表:多种语言表达对照表。

14-高压表:显示空调系统高压端压力表。

15-低压表:显示空调系统低压端压力表。

16-低压阀:控制空调系统低压端与设备的通断。

17-高压阀:控制空调系统高压端与设备的通断。

18-工作罐压力:显示工作罐的压力的压力表。

3. 回收空调系统制冷剂

(1)电源插入合适的有地线的电源插座。

(2)将红、蓝色软管上的快速接头连接到汽车空调对应的接口上。

操作提示

红色软管连接空调系统的高压接口,蓝色软管连接空调系统的低压接口。

(3)打开控制面板上红、蓝色高低压两个阀门(手柄箭头指向左边为开)。

(4)按" ❄🚗 "键直到显示屏上显示:

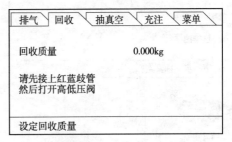

(5)按" ➡ "键,压缩机起动,系统将进行清理管路,时间为1min(在此过程中按" ✕ "系统将退回主界面)。清理管路完成后,开始回收,显示屏显示如图所示。

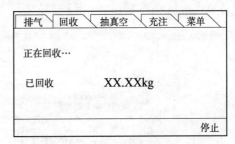

回收完成后,显示屏显示如图所示。

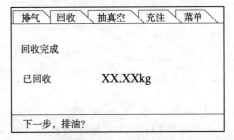

(6)按" ➡ "键,进行排油程序,显示屏显示如图所示。

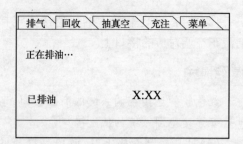

排油完成后,显示屏显示如图所示。

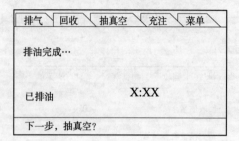

操作提示

(1)通过比较空调系统内制冷剂的质量和显示屏上显示的可利用空间质量来确保工作罐有充足空间;如果回收空间不够,请从工作罐清除一定制冷剂到其他存储罐中。压缩机只能使空调系统达到部分真空。您必须使用设备的真空(排出)循环清除系统中的残余杂质。

(2)在真空状态下超时使用压缩机会损坏压缩机。

三、技术标准

(一)作业要求

1.制冷剂回收工艺过程及工艺流程

(1)工艺过程。

制冷剂回收作业执行五个工艺过程的操作:

①回收作业准备。

②制冷剂回收原则判定。

③制冷剂检测。

④制冷剂回收操作。

⑤完成回收作业。

(2)工艺流程。

制冷剂回收作业应按图所示的工艺流程进行。

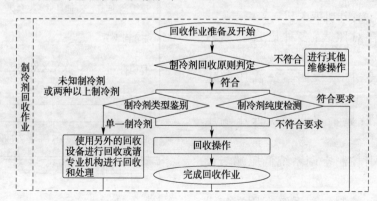

2.制冷剂回收作业

(1)回收原则。

在汽车维修过程中,凡涉及制冷剂循环系统的作业,在维修前,均应对制冷装置中的制冷剂进行回收。

(2)制冷剂检测。

制冷剂回收/净化/加注设备与制冷装置连接前,应进行制冷剂类型的鉴别和纯度的检测。

(3)检测结果。

根据制冷剂的检测结果确定作业方式:

①制冷装置中存在一种制冷剂(HFC-134a 或 CFC-12),且与制冷装置规定的制冷剂类型相符,应进行回收。纯度低于 96% 时,应按要求进行净化。

②制冷装置中存在一种制冷剂(HFC-134a 或 CFC-12),但与制冷装置规定的制冷剂类型不符,应进行回收。纯度低于 96% 时,应按要求进行净化。

③制冷装置中存在"未知制冷剂"或两种以上类型的制冷剂,表明制冷装置中是多种制冷剂的混合物,这种情况下,不应使用作业用的回收/净化/加注设备进行操作,应采用另外的制冷剂回收设备进行回收或请专业机构进行回收和处理。

(4) 回收操作。

①启动制冷装置运行 3~5min。

②采用回收/净化/加注设备进行制冷剂回收,按设备使用手册进行管路连接及操作。

③回收前应将软管中的空气排尽。

④按设备的操作提示结束回收操作。

(5) 操作要点。

①回收/净化/加注设备的适用介质应与所回收的制冷剂类型一致。

②不应采用单系统的回收/净化/加注设备对两种或两种以上类型的制冷剂进行回收。

③按制冷剂的类型分类回收,不应将 HFC-134a 与 CFC-12 混装在一个储罐中。

④回收时,储罐内的制冷剂质量应不超过罐体标称装罐质量的 80%。

⑤不应自行维修制冷剂储罐阀门和储罐。

⑥因被污染或其他原因不能确定其成分而不能净化利用的制冷剂,应用带有文字标识的储罐储存,不应排放到大气中。

3. 制冷剂净化工艺过程及工艺流程

(1) 工艺过程。

制冷剂净化作业执行四个工艺过程的操作:

①净化作业准备。

②纯度指标检测。

③制冷剂净化操作。

④完成净化作业。

(2) 工艺流程。

制冷剂净化作业应按图所示的工艺流程进行。

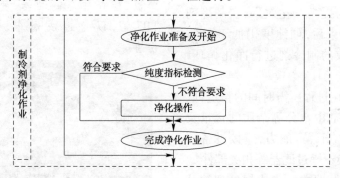

4. 制冷剂净化作业

制冷剂净化是指用专用设备对回收的制冷剂进行循环过滤,去除其中的非凝性气体、油、水、酸和其他杂质,使其能够重新利用的过程。

(1) 纯度指标检测。

当制冷剂纯度低于 96% 时,在完成回收操作后,应再次采用制冷剂鉴别设备检测已回收到储罐中的制冷剂纯度,当纯度仍低于96%时,应按要求再次进行净化操作;当纯度不低于96%时,可不执行净化操作过程。

(2)净化操作。

① 采用回收/净化/加注设备进行制冷剂的净化,具体操作参见设备使用手册。

② 如设备功能允许,制冷剂净化操作可与抽真空操作同步进行。

③ 当制冷剂纯度不低于96%时,可结束净化过程。

④ 完成制冷剂净化操作后,应将分离出来的冷冻机油排入排油壶中,并进行计量。工作在自动模式下的设备,将自动完成排冷冻机油过程,半自动或手动型设备需要人工干预操作。

(3)操作要点。

① 如制冷剂的回收与净化是连续的操作,在回收操作完成后,应尽快进行纯度指标检测,以保证检测结果的准确性。

② 制冷剂的净化是对回收的制冷剂进行循环过滤,去除其中的非凝性气体、油、水、酸和其他杂质,使其能够重新利用的过程,净化操作过程应最大限度地排除上述物质。

③ 制冷剂的净化在回收过程中已完成一次净化循环,为提高净化效果,在制冷剂回收过程全部结束后,如纯度仍低于96%时,应再次对回收的制冷剂进行净化循环,并符合纯度要求。

④ 制冷剂净化过程所需时间的长短,取决于回收的制冷剂中水分等杂质的含量及净化装置的吸收(干燥)能力,应按设备养护要求,定期更换干燥过滤器等相关部件。

⑤ 按照环境保护的相关法规处理被分离的废冷冻机油。

(二)考核要点

(1)正确运行空调系统。

(2)对制冷剂装置内部进行清洗。

(3)将加注机的红蓝歧管正确地连接到汽车的高低压阀口上并及时清洁。

(4)能够按 JT/T 774—2010 的规范正确使用 AC350C 进行制冷剂回收。

(5)能够正确计算制冷剂回收量。

(6)能够正确计算排油量。

四、所需工具、辅料和设备

(1)科鲁兹2013款1.6L天地版。

(2)AC350C制冷剂回收加注机一台。

(3)车内、车外三件套和车轮挡块。

(4)防护眼镜和防护手套。

五、任务实施

活动1 制冷剂回收

1 起动发动机。

操作提示

出于安全方面的考虑,需要踩住制动踏板,检查驻车制动器、变速器挡位处于"P"挡,以免造成溜车,避免出现意外伤害。

2 打开鼓风机,鼓风机开关调至最大风速挡。

任务三 制冷剂的回收与净化

6 保持发动机转速在 1500～2000r/min，连续运转 3～5min，目的是让空调系统中制冷剂充分循环，以便充分回收制冷剂。

3 打开 A/C 开关，运行空调系统。

4 空调系统温度调节至最低温度。

5 进风风门设置为外循环状态。

7 关闭鼓风机、关闭 A/C 开关。

操作提示

防止因鼓风机在发动机未起动的情况下旋转，导致蓄电池亏电，影响正常起动。

8 关闭点火开关。

操作提示

不可在发动机运转的情况下进行制冷

剂回收，防止制冷剂储罐压力过高。

9 回收前首先佩戴好防护手套和防护眼镜。

操作提示

不可佩戴普通的棉纱手套，它只能起到隔热作用。回收制冷剂需要佩戴专业的橡胶纱手套，防止制冷剂冻伤手。

10 关闭高压快速接头，关闭低压快速接头。

操作提示

连接高低压维修阀口时，不关闭手阀会导致制冷剂喷溅，造成意外伤害。

11 清洁高压快速接头，清洁低压快速接头。

操作提示

防止灰尘和污物对制冷剂系统产生影响。

12 清洁高压维修阀口，清洁低压维修阀口。

操作提示

防止灰尘和污物对制冷剂系统产生影响。

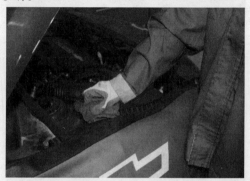

13 连接高压维修阀口，连接低压维修阀口。

操作提示

连接时确认手阀连接是否可靠，防止泄漏。

14 打开高压快速接头，打开低压快

速接头。

15 记录回收前的制冷剂净重(单位:kg)。

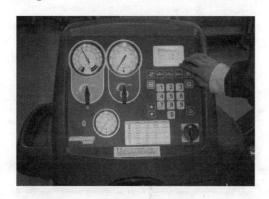

16 记录回收前废油瓶量(单位:mL)。

操作提示

读取刻度时,视线保持与油面平行,保证读数准确,以免产生误差。

17 打开低压阀,采用双管回收。

18 打开高压阀,采用双管回收。

19 按下回收键,准备进行回收。

20 按下确认键开始回收。

21 观察低压表,当压力至 -10inHg(1inHg = 3386.39Pa)时保持 1min,以保证系统内制冷剂已经充分回收。

22 按下退出键,停止回收。系统开始回油。

23 回油结束,按下确认键开始排油。

24 记录回收后的制冷剂净重。

操作提示

实际回收的制冷剂净重为回收后制冷剂净重减去回收前制冷剂净重。

25 记录回收后的废油瓶量。

操作提示

如果排油后废油瓶内有泡沫,需静置片刻再读取废油瓶量。

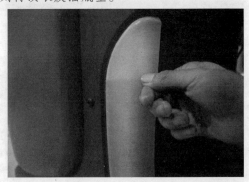

活动2 制冷剂净化

1 按下菜单键,系统要求首先输入密码。

2 输入密码(原始密码为1234)。

操作提示

可以设置解除密码。

5 按下确认键,开始制冷剂自循环。

3 选择系统自循环,按下确认键。

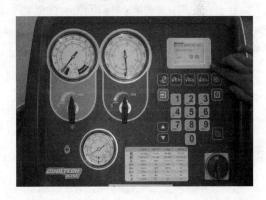

6 制冷剂自循环结束。

> 操作提示
>
> 按下退出键,进入初始界面。

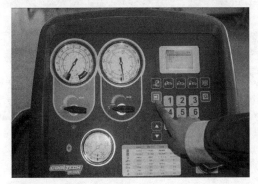

4 设置自循环时间。

> 操作提示
>
> 自循环默认时间为 10min。

六、任务评价表

任务评价表（满分100分）　　**完成时间**_____

考核时间	配分	评价标准	得分
10 (min)	100	未清洁管路与接头,扣10分	
		未佩戴防护眼镜,扣5分	
		未佩戴橡胶纱手套,扣5分	
		未运行空调系统,扣10分	
		运行空调系统期间,发动机转速未达到运行标准,扣10分	
		未正确记录工作罐初始制冷剂量,扣10分	
		未采用高低压双管路回收,扣10分	
		未根据AC350面板上高低压读数判断,压力降至−68.95kPa,并继续保持1min视为完全回收,扣10分	
		未按AC350确认键完成排油过程,扣10分	
		未正确计算制冷剂回收量,扣10分	
		未正确计算排油量为废油瓶中的最终油量−初始油量,扣10分	

任务四 抽真空作业

一、任务说明

本项工作任务目的是正确使用AC350加注机,对空调系统进行抽真空作业,同时按要求给空调系统加注冷冻油,并通过查阅手册获知制冷剂的加注量,正确加注制冷剂。

二、理论知识

1. AC350C 制冷剂加注回收机简介

见任务三。

2. AC350C 控制面板

见任务三。

3. 空调系统抽真空

(1)将设备的红、蓝色软管和汽车空调系统的高、低压接口连接。

(2)在控制面板上,打开设备电源开关,打开红、蓝两个阀门。

操作提示

将红色软管和系统高压端相连,蓝色软管和系统低压端相连。

(3)按" "键,直到显示屏上出现抽真空状态。

您也可以通过数字键盘设定所需的抽真空时间:当光标在"15:00"字符处闪动时,选择数字键,程序将切换到抽真空时间设置界面。

(4)按" "键开始抽真空操作。显示屏上原显示的mm:ss值开始计时。

操作提示

运行抽真空之前,必须检查压力表。只有在低压小于0kPa时才可进行抽真空操作,否则将会损坏真空泵。如果压力大于0kPa,请先运行回收功能。

抽真空完成后,显示屏显示:

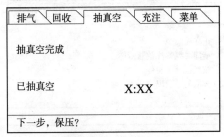

(5)按" "键,保压显示:

(6) 3min 保压完成后，用户观察压力表的变化是否泄漏，如果泄漏请查明泄漏原因并解决，如不泄漏，用户选择下一步操作。

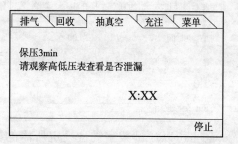

(7) 保压完成观察压力表不泄漏情况后，按"→"键，显示屏显示：

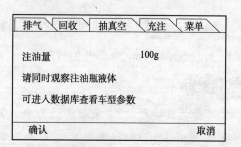

(8) 按"→"键显示屏显示：

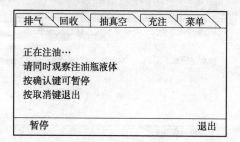

(9) 按"→"键显示屏显示：

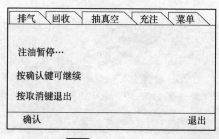

(10) 按" ✕ "键退出，或按"→"键注油继续。

4. 加注空调系统制冷剂

(1) 将设备的红、蓝色软管和汽车空调系统的高、低压接口连接，并确认高压快速接头打开，低压快速接头关闭。

(2) 把低压阀关闭，高压阀打开，进行单管加注。

(3) 在控制面板上按" ❄🚗 "键，直到显示屏上显示如图所示。

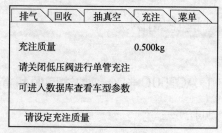

操作提示

在默认情况下，充注程序可以自动判断工作状态，也可以通过数字键盘设定所需的充注质量。设定充注质量时需按照车辆铭牌上的标准数据（如图所示）进行充注。

(4) 按"→"键，充注开始，显示屏上显示已充注制冷剂的质量，如图所示。

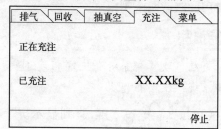

（5）充注完成后系统提示显示如图所示。

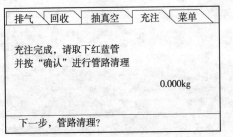

（6）关闭红色高压快速接头，并取下红蓝管，按" ➡ "键系统进行自动管理清理。清理完成后，高、低压表指示均在负压范围内。

（7）按"确认"键，记录显示制冷剂净重后关机，对AC350C进行5s，结束操作。

操作提示

通过比较空调系统内制冷剂的质量和显示屏上显示的可利用空间质量来确保工作罐有充足空间；如果回收空间不够，请从工作罐清除一定制冷剂到其他存储罐中。压缩机只能使空调系统达到部分真空。您必须使用设备的真空（排出）循环清除系统中的残余杂质。

三、技术标准

1. 真空检漏

（1）起动回收/净化/加注设备的真空泵，抽真空至系统真空度低于 -90kPa。关闭歧管表阀门，停止抽真空，并保持真空度至少15min，检查压力表示值的变化。

（2）如压力未回升，继续按要求进行微小泄漏量的检查。

（3）如压力回升，则继续抽真空，如累计抽真空时间超过30min，压力仍回升，则可以判定制冷装置有泄漏，应检修制冷装置，并重复进行抽真空的操作。

2. 抽真空操作

（1）抽真空准备。

①抽真空前，检查压力表示值，制冷装置中的压力应低于70kPa，如超过该压力，应重新进行回收操作，直到压力达到要求。

②抽真空至系统真空度低于 -90kPa。

③在达到要求的真空度时，应继续抽真空操作，持续时间应不少于15min，以充分排除制冷装置中的水分。大型车辆及空调管路较长的车辆，抽真空时间可适当延长。

（2）操作要点。

①不应采用回收/净化/加注设备的压缩机进行抽真空作业。

②当回收/净化/加注设备工作在全自动模式时，应根据湿度等具体情况和需要，预设抽真空的持续时间应不少于15min，以充分排除制冷装置中的水分。大型车辆及空调管路较长的车辆，抽真空时间可适当延长。

3. 补充冷冻机油

（1）补充冷冻机油操作。

①在加注制冷剂前，应补充冷冻机油，建议的补充量为：制冷剂净化时的排出量 +20mL。

②采用回收/净化/加注设备进行冷冻机油的补允，具体操作参见设备使用手册。

（2）操作要点。

①冷冻机油的种类应符合制冷装置的规定。

②不应过量补充冷冻机油。

③补充冷冻机油时，制冷装置应处于真空状态。当制冷装置中存有高压时，不应打开注油阀。

4. 加注制冷剂

（1）加注制冷剂操作。

①查阅《车辆使用手册》，确认制冷装置的制冷剂的类型及加注量。

②检查制冷剂储罐中的制冷剂质量，不足3kg时，应予以补充。

③按设备使用手册进行管路连接及操作。

④按设备提示结束加注作业。

（2）操作要点。

①加注时，应确保储罐中的制冷剂不少于3kg，以保持足够的充注压力。

②应按制冷装置要求的加注量定量加注。

③制冷剂的加注是在制冷剂储罐与制冷装置间的压差下进行。高压端加注时，应关闭发动机（压缩机停止运转），防止制冷剂储罐压力过高；不建议采用低压端加注，以避免产生"液击"现象，损坏压缩机。

四、所需工具、辅料和设备

（1）科鲁兹2013款1.6L天地版。
（2）AC350C制冷剂回收加注机一台。
（3）车内、车外三件套和车轮挡块。
（4）防护眼镜和防护手套。

五、任务实施

活动1 抽真空及注油

1 确认回收加注机高、低压阀打开，高、低压手阀打开。

操作提示

采用的是高、低压双管路方式抽真空。

2 设定抽真空时间，时间为3min。

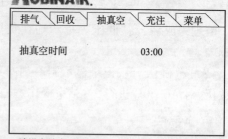

请设定抽真空时间

3 点击确认键开始抽真空。

4 抽真空完成，关闭高、低压阀，开始1min保压。

操作提示

保压时需盯着高、低压表看,观察高、低压表指针是否移动,有移动说明有泄漏。

5 保压完成,判定保压结果。

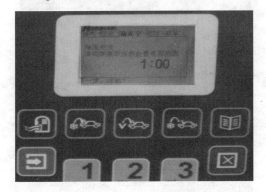

6 保压完成后点击确认键,准备开始注油。

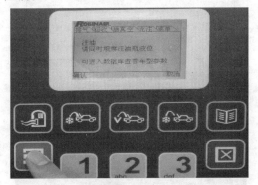

7 打开高压阀。

8 查看注油瓶量,开始注油。

操作提示

注油量为排油量加上20mL。

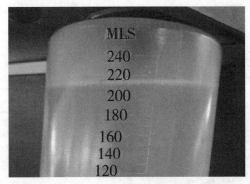

9 点击确认键停止注油,查看注油瓶剩余油液的数量。

操作提示

根据剩余注油瓶量算出实际注油量。

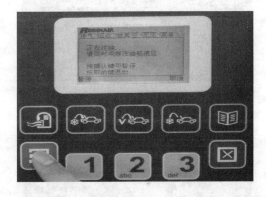

10 关闭高压阀,打开低压阀,打开高、低压手阀。

操作提示

第二次抽真空实现的是冷冻油的循环。

11 设定抽真空时间5min。

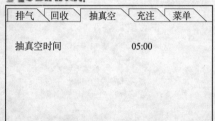

请设定抽真空时间

12 开始抽真空。

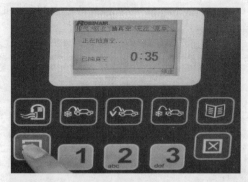

13 抽真空完成。

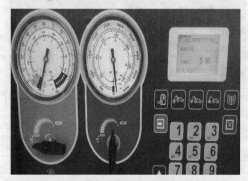

活动2 制冷剂加注

1 打开 AC350C 回收加注机。

2 连接高、低压手阀,打开高压手阀。

3 打开高压阀,关闭低压阀。

4 面板上点击充注。

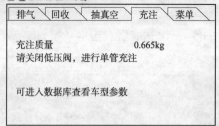

请设定充注质量

5 确认充注质量。

6 点击确认,进行充注。

7 充注完毕,关闭高压快速接头。

8 取下红、蓝软管。

操作提示

不可在发动机运转的情况下进行制冷剂回收,防止制冷剂储罐压力过高。

9 按照屏幕提示进行管路清理。

操作提示

不可佩戴普通的棉纱手套,它只能起到隔热作用。回收制冷剂需要佩戴专业的橡胶纱手套,防止制冷剂冻伤手。

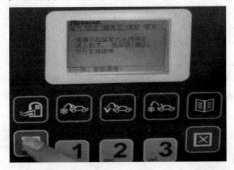

10 管路清理完毕后,点击确认键,记录显示制冷剂净重。

操作提示

防止灰尘和污物对制冷剂系统产生影响。

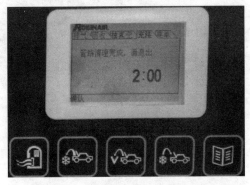

11 关机,并对AC350C进行5S处理。

操作提示

防止灰尘和污物对制冷剂系统产生影响。

六、任务评价表

任务评价表(满分100分) 完成时间_____

考核时间	配分	评价标准	得 分
10 (min)	100	未清洁管路与接头,扣5分	
		未佩戴防护眼镜,扣5分	
		未佩戴橡胶纱手套,扣10分	
		未运行空调系统,扣10分	
		运行空调系统期间,发动机转速未达到运行标准,扣10分	

续上表

考核时间	配分	评价标准	得分
10 (min)	100	未正确记录工作罐初始制冷剂量,扣10分	
		未采用高低压双管路回收,扣10分	
		未根据AC350面板上高低压读数判断,压力降至-68.95kPa,并继续保持1min视为完全回收,扣10分	
		未按AC350确认键完成排油过程,扣10分	
		未正确计算制冷剂回收量	
		未正确计算排油量为废油瓶中的最终油量-初始油量,扣10分	

任务五　制冷剂加注作业

一、任务说明

一辆2013款科鲁兹汽车发现空调系统制冷效果不佳,经检测发现空调系统管路部分有泄漏,为完成对空调管路的维修,现需要对制冷剂进行回收。

本项工作任务目的是正确使用AC350加注机,当空调系统需要进行管路维修时,首先需要回收制冷剂,以减少对环境的污染。回收制冷剂前,应对制冷装置内部进行清洗。同时当制冷剂纯度不够,低于96%时,也需要首先进行回收,然后进行净化。抽真空前,检查压力表示值,制冷装置中的压力应低于70kPa,如超过该压力,应重新进行回收操作,直至压力达到要求。

二、理论知识

1. AC350C制冷剂加注回收机简介

见任务三。

2. AC350C控制面板

见任务三。

3. 回收空调系统制冷剂

见任务三。

三、技术标准

1. 制冷剂回收工艺过程及工艺流程

(1)工艺过程。

制冷剂回收作业执行五个工艺过程的操作:

①回收作业准备。
②制冷剂回收原则判定。
③制冷剂检测。
④制冷剂回收操作。
⑤完成回收作业。

(2)工艺流程。

制冷剂回收作业应按下图所示的工艺流程进行。

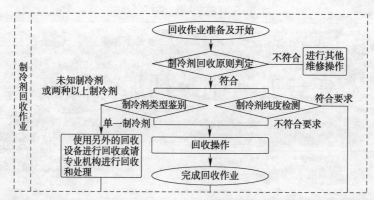

2. 制冷剂回收作业

（1）回收原则。

在汽车维修过程中，凡涉及制冷剂循环系统的作业，在维修前，均应对制冷装置中的制冷剂进行回收。

（2）制冷剂检测。

制冷剂回收/净化/加注设备与制冷装置连接前，应进行制冷剂类型的鉴别和纯度的检测。

（3）检测结果。

根据制冷剂的检测结果确定作业方式：

①制冷装置中存在一种制冷剂（HFC-134a 或 CFC-12），且与制冷装置规定的制冷剂类型相符，应进行回收。纯度低于 96% 时，应按要求进行净化。

②制冷装置中存在一种制冷剂（HFC-134a 或 CFC-12），但与制冷装置规定的制冷剂类型不符，应进行回收。纯度低于 96% 时，应按要求进行净化。

③制冷装置中存在"未知制冷剂"或两种以上类型的制冷剂，表明制冷装置中是多种制冷剂的混合物，这种情况下，不应使用作业用的回收/净化/加注设备进行操作，应采用另外的制冷剂回收设备进行回收或请专业机构进行回收和处理。

（4）回收操作。

①启动制冷装置运行 3~5min。

②采用回收/净化/加注设备进行制冷剂回收，按设备使用手册进行管路连接及操作。

③回收前应将软管中的空气排尽。

④按设备的操作提示结束回收操作。

（5）操作要点。

①回收/净化/加注设备的适用介质应与所回收的制冷剂类型一致。

②不应采用单系统的回收/净化/加注设备对两种或两种以上类型的制冷剂进行回收。

③按制冷剂的类型分类回收，不应将 HFC-134a 与 CFC-12 混装在一个储罐中。

④回收时，储罐内的制冷剂质量应不超过罐体标称装罐质量的 80%。

⑤不应自行维修制冷剂储罐阀门和储罐。

⑥因被污染或其他原因不能确定其成分而不能净化利用的制冷剂，应用带有文字标识的储罐储存，不应排放到大气中。

3. 制冷剂净化工艺过程及工艺流程

（1）工艺过程。

制冷剂净化作业执行四个工艺过程的操作：

①净化作业准备。

②纯度指标检测。

③制冷剂净化操作。

④完成净化作业。

（2）工艺流程。

制冷剂净化作业应按下图所示的工艺流程进行。

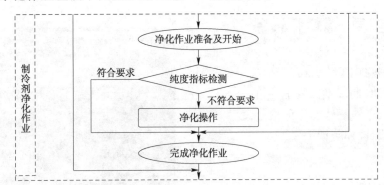

4. 制冷剂净化作业

制冷剂净化是指用专用设备对回收的制冷剂进行循环过滤，去除其中的非凝性气体、油、水、酸和其他杂质，使其能够重新利用的过程。

(1) 纯度指标检测。

当制冷剂纯度低于96%时，在完成回收操作后，应再次采用制冷剂鉴别设备检测已回收到储罐中的制冷剂纯度，当纯度仍低于96%时，应按要求再次进行净化操作；当纯度不低于96%时，可不执行净化操作过程。

(2) 净化操作。

①采用回收/净化/加注设备进行制冷剂的净化，具体操作参见设备使用手册。

②如设备功能允许，制冷剂净化操作可与抽真空操作同步进行。

③当制冷剂纯度不低于96%时，可结束净化过程。

④完成制冷剂净化操作后，应将分离出来的冷冻机油排入排油壶中，并进行计量。工作在自动模式下的设备，将自动完成排冷冻机油过程，半自动或手动型设备需要人工干预操作。

(3) 操作要点。

①如制冷剂的回收与净化是连续的操作，在回收操作完成后，应尽快进行纯度指标检测，以保证检测结果的准确性。

②制冷剂的净化是对回收的制冷剂进行循环过滤，去除其中的非凝性气体、油、水、酸和其他杂质，使其能够重新利用的过程，净化操作过程应最大限度地排除上述物质。

③制冷剂的净化在回收过程中已完成一次净化循环，为提高净化效果，在制冷剂回收过程全部结束后，如纯度仍低于96%时，应再次对回收的制冷剂进行净化循环，并符合纯度要求。

④制冷剂净化过程所需时间的长短，取决于回收的制冷剂中水分等杂质的含量及净化装置的吸收（干燥）能力，应按设备养护要求，定期更换干燥过滤器等相关部件。

⑤按照环境保护的相关法规处理被分离的废冷冻机油。

5. 考核要点

(1) 正确运行空调系统。

(2) 对制冷剂装置内部进行清洗。

(3) 将加注机的红蓝歧管正确地连接到汽车的高低压阀口上并及时清洁。

(4) 能够按JT/T 774—2010的规范正确使用AC350C进行制冷剂回收。

(5) 能够正确计算制冷剂回收量。

(6) 能够正确计算排油量。

四、所需工具、辅料和设备

（1）科鲁兹2013款1.6L天地版。
（2）AC350C制冷剂回收加注机一台。
（3）车内、车外三件套和车轮挡块。
（4）防护眼镜和防护手套。

五、任务实施

活动1　制冷剂回收

1 起动车辆。

操作提示

出于安全方面的考虑，需要踩住制动踏板，检查驻车制动器、变速器挡位处于"P"挡，以免造成溜车，避免出现意外伤害。

2 打开鼓风机，鼓风机开关调至最大风速挡。

3 打开AC开关，运行空调系统。

4 空调系统温度调节至最低温度。

5 进风风门设置为外循环状态。

6 保持发动机转速在1500～2000r/min，连续运转3～5min，目的是让空调系统中制冷剂充分循环，以便充分回收制冷剂。

任务五 制冷剂加注作业

7 关闭鼓风机、关闭 AC 开关。

操作提示

防止因鼓风机在发动机未起动的情况下旋转,导致蓄电池亏电,影响正常起动。

8 关闭点火开关。

操作提示

不可在发动机运转的情况下进行制冷剂回收,防止制冷剂储罐压力过高。

9 回收前首先佩戴好防护手套和防护眼镜。

操作提示

不可佩戴普通的棉纱手套,它只能起到隔热作用。回收制冷剂需要佩戴专业的橡胶纱手套,防止制冷剂冻伤手。

10 关闭高压快速接头,关闭低压快速接头。

操作提示

连接高低压维修阀口时,不关闭手阀会导致制冷剂喷溅,造成意外伤害。

11 清洁高压快速接头,清洁低压快速接头。

41

操作提示

防止灰尘和污物对制冷剂系统产生影响。

12 清洁高压维修阀口,清洁低压维修阀口。

操作提示

防止灰尘和污物对制冷剂系统产生影响。

13 连接高压维修阀口,连接低压维修阀口。

操作提示

连接时确认手阀连接是否可靠,防止泄漏。

14 打开高压快速接头,打开低压快速接头。

15 记录回收前的制冷剂净重(单位:kg)。

16 记录回收前废油瓶量(单位:mL)。

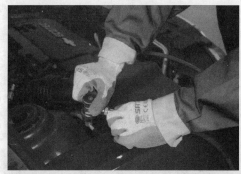

操作提示

读取刻度时,视线保持与油面平行,保证读数准确,以免产生误差。

17 打开低压阀,采用双管回收。

18 打开高压阀,采用双管回收。

19 按下回收键,准备进行回收。

20 按下确认键开始回收。

21 观察低压表,当压力至 -10inHg ($1\text{inHg} = 3386.39\text{Pa}$) 时保持 1min,以保证系统内制冷剂已经充分回收。

22 按下退出键,停止回收。系统开始回油。

23 回油结束,按下确认键开始排油。

24 记录回收后的制冷剂净重。

> **操作提示**
>
> 实际回收的制冷剂净重为回收后制冷剂净重减去回收前制冷剂净重。

25 记录回收后的废油瓶量。

> **操作提示**
>
> 如果排油后废油瓶内有泡沫，需静置片刻再读取废油瓶量。

活动2 制冷剂净化

1 按下菜单键，系统要求首先输入密码。

2 输入密码（原始密码为1234）。

> **操作提示**
>
> 可以设置解除密码。

3 选择系统自循环按下确认按钮。

4 设置自循环时间。

> **操作提示**
>
> 自循环默认时间为10min。

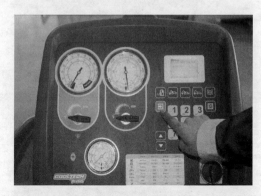

5 按下确认键，开始制冷剂自循环。

6 制冷剂自循环结束。

操作提示

按下退出键,进入初始界面。

六、任务评价表

任务评价表(满分100分)　　**完成时间**＿＿＿＿＿

考核时间	配分	评价标准	得分
10 (min)	100	未查阅实车加注量,扣10分	
		未查阅维修手册加注量,扣10分	
		未查阅回收加注机加注量,扣10分	
		未按规定设定加注量,扣10分	
		未采用高压单管加注,扣10分	
		计算实际加注量错误,扣10分	
		加注后未静置,扣5分	
		加注后为进行管路清理或管路清理方法错误,扣10分	
		未检查管路清理效果,扣5分	
		未断开回收加注机(AC350)管路快速接头,扣10分	
		加注后未对车辆空调高压阀口检漏,扣10分	

任务六　空调性能检验

一、任务说明

一辆发动机型号为 LDE 的 2013 年雪佛兰科鲁兹轿车，该车打开鼓风机旋钮，按下空调开关按钮，空调开关指示灯点亮，制冷空调已经开始工作，但是出风口感觉不冰，可能是制冷效果不良。

本项工作任务目的是正确使用空调性能诊断仪（RA007PLUS），当空调系统制冷效果不良时，可以通过空调诊断仪的测量功能、控制功能以及自诊断功能等进行故障诊断与排除。

二、理论知识

1. 空调性能诊断仪（RA007PLUS）简介

空调性能诊断仪（RA007PLUS）（以下简称空调诊断仪）能够完成对车辆空调制冷系统性能的测量、诊断、控制等操作，如图所示。空调诊断仪的测量功能能够以图形或文字显示测量值；控制功能能够监测空调电路的某个组件或某种功能；自诊断功能能够对空调进行完整诊断并得到对诊断结果的最终解释。

操作提示

（1）在使用设备时请佩戴防护手套、防护眼镜，防止与制冷剂接触造成冻伤或失明。

（2）该设备只能用于检测 R134a 制冷剂，并且在操作之前确保软管内不含有不可凝性气体。

（3）请勿在有明火或灼热表面附近进行操作，因为制冷剂会在高温下分解并释放出对操作者和环境有害的具有腐蚀性气体。

2. 空调诊断仪控制面板（如图所示）

1-打开/关闭按钮。
2-打开/关闭状态 LED 灯。
3-USB 通信状态 LED 灯。

4-快速进入菜单。
5-上/左键。
6-返回键。
7-下/右键。
8-退出键。

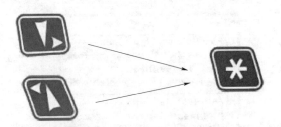

(3)"空调诊断"菜单如图所示。

3.空调诊断仪连接说明(如图所示)

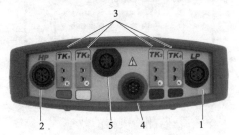

1-低压输入接口(可接受最大压力:1MPa)。

2-高压输入接口(可接受最大压力:4MPa)。

3-热偶温度探针输入 TK1~TK4。

4-12V 车辆电池输入,连接到 CRCO-PSA 电缆。

5-上/左键线性压力传感器测量/模拟输入,连接到 HP1000 电缆(与压力传感器适配器之一连接)。

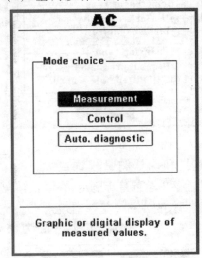

4.空调诊断仪使用方法

(1)空调诊断仪主菜单如图所示。

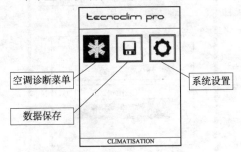

(2)选择图标。

使用定位键从主菜单上的图标中选择空调诊断图标。选择图标后,按验证键打开工具推荐的"空调诊断"功能,如图所示。

操作提示

使用的3种操作模式:

①测量:这种模式能够以图形或数字显示测量值。

②控制:这种模式能够监测空调电路的某个组件或某种功能。

③自动诊断:这种模式能够对整个空调电路进行完整诊断并得到对诊断结果的最终解释。

(4)"车辆配置"界面如图所示。

不论选择的是何种模式,即测量、控制,还是自诊断模式,"车辆配置"页面会说明空调诊断仪工作的环境是怎么样的。

可以对下列项目进行配置:车辆内可用的检修阀的数量,安装在空调电路内的压缩机的类型,以及空调电路内使用的过滤技术的类型。

选择是通过按工具的选择按钮来完成的,按选择按钮后可以保存选择结果。

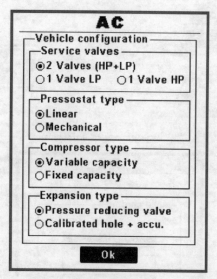

(5)测量模式如图所示。

选择和确认测量模式之后,"空调诊断"功能菜单从屏幕上隐退,在默认情况下,空调诊断仪自动进入显示器模式。

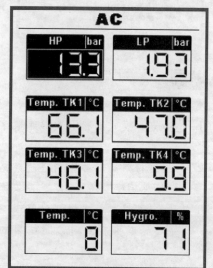

(6)控制模式如图所示。

从"空调诊断"功能菜单上选择"控制模式"后,会弹出如下测试序列:

在每一个测试序列中,空调诊断仪会指导如何做,会对测试前要完成的连接,以及如何实施测试作出精确的说明。

效率:监测空调电路的效率。

放电:监测空调电路内冷却剂的放电水平。

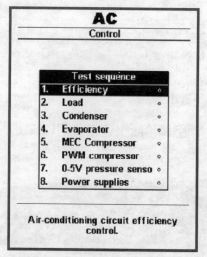

冷凝器:监测冷凝器的效率。

蒸发器:监测蒸发器的效率。

机械压缩机:监测可变容量压缩机是否正常运转(使用机械控制的压缩机)。

脉宽调制压缩机:监测可变容量压缩机是否正常运转(使用脉宽调制信号控制的压缩机)。

0~5V压力传感器:控制和模拟线性高压传感器。

电源:电压表功能。

警告:如何利用这些测试直接取决于用户选择的车辆配置。

(7)自诊断模式如图所示。

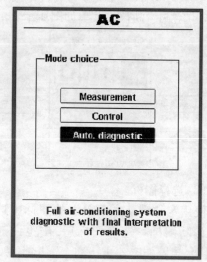

从"空调诊断"菜单上选择"自诊断"

模式：

选择车辆配置如图所示。

车辆有 2 个检修阀,即高压和低压检修阀。车辆配备了一个线性高压传感器,一个可变容量压缩机,以及一个气体膨胀系统：膨胀阀。

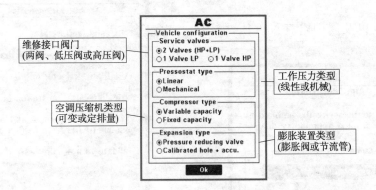

工具测量所需连接说明 1,如图所示。

①高压连接器连接到 HP 检修阀上(红色)。

②低压连接器连接到 LP 检修阀上(蓝色)。

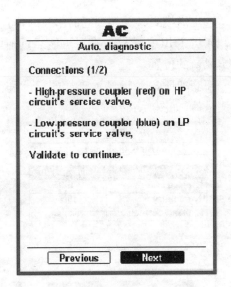

连接说明 2 如图所示。

①T2 温度传感器连接到冷凝器出口金属管上。

②T3 温度传感器连接到膨胀阀入口金属管上。

③T4 温度传感器连接到蒸发器出口金属管上。

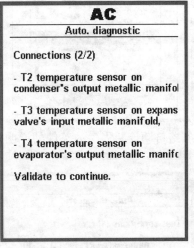

实现初始条件测量的跟踪检查的说明,如图所示。

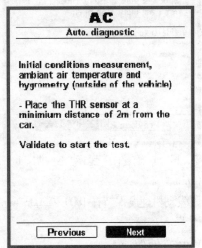

初始条件测量,周围空气温度和湿度(车辆外);

将 THR 传感器放在距车辆 2m 处打开(最短距离)。

获取温度以及周围空气湿度值,如图所示。

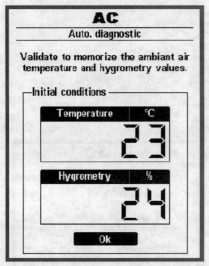

实施自动诊断程序的条件的说明,如图所示。

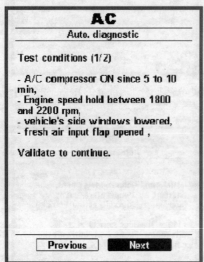

① 测试条件:起动空调压缩机 5～10min。

② 发动机速度保持在 1800～2200r/min。

③ 降下车窗。

④ 设置外循环。

实施自动诊断程序的条件的说明的跟踪检查,如图所示。

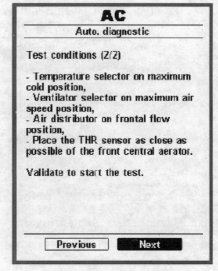

① 温度旋钮调到最冷的位置。

② 鼓风机风量旋钮调到风量最大的位置。

③ 出风模式开关调到迎面出风的位置。

④ 将 THR 传感器放在尽可能靠近前中央出风口的位置。

新获取阶段。只显示排气的温度和湿度测量值,如图所示。

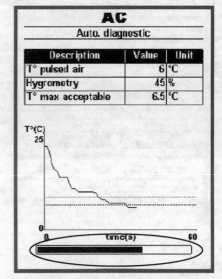

红圈内的滚动条表示测试的进度。必须在整个测试过程中保持要求的自诊断

条件。

显示诊断结果如图所示。

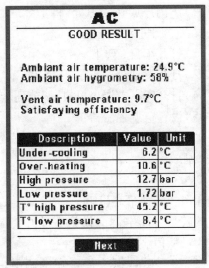

效果良好。

①周围空气温度:24.9℃。

②周围空气湿度:58%。

③排气温度:9.7℃。

符合要求的效率。

或显示诊断结果如图所示。

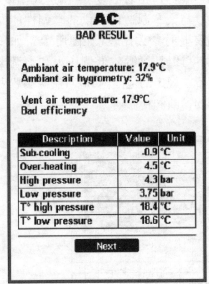

效果不良。

①周围空气温度:17.9℃。

②周围空气湿度:32%。

③排气温度:17.9℃。

效率不佳。

空调诊断仪能够显示出被监测的空调电路发生故障的可能原因,因而能为故障诊断提供参考,如图所示。

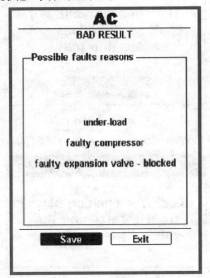

操作提示

在自诊断的过程,如果空调诊断仪检测出测量中存在不一致性,那么设备会自动中断其本身的程序。

①THR 探针未连接,如图所示。

②不合适的周围温度,如图所示。温度低于15℃,测试取消。

③车辆配置的不兼容,如图所示。
选择的车辆配置不允许进行这次测试。

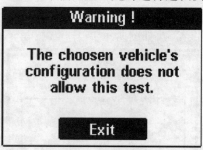

④排气温度异常,如图所示。
检查前中央出风口和混合风门的位置。

三、技术标准

1.检验

完成制冷剂加注作业后,应进行检验。制冷装置高、低压侧压力及空调出风口温度检测应根据汽车制造厂商的要求进行。可参照以下方法:

(1)车辆停放在阴凉处,将干湿球温度计放置在空调进风口位置。

(2)打开车窗、车门。

(3)打开发动机罩。

(4)打开所有空调出风口,调节到全开。

(5)设置空调控制器:

①外循环位置。

②强冷。

③A/C 开。

④风机转速最高(HI)。

⑤若是自动空调应设为手动并将温度设定为最低值。

(6)将温度计探头放置在空调出风口内50mm处。

(7)起动发动机,将发动机转速控制在1500~2000r/min,使压力表指针稳定。

(8)待温度计显示数值趋于稳定后,读取压力表和温度计的显示值,将所测得的高、低侧压力、相对湿度、空调进风温度、出风温度与汽车制造商提供的空调性能参数或图表上的参数比较(如图所示),如压力表、温度计显示的高、低侧压力和空调出风温度不在规定的范围内,应对制冷装置做进一步的诊断和检修。

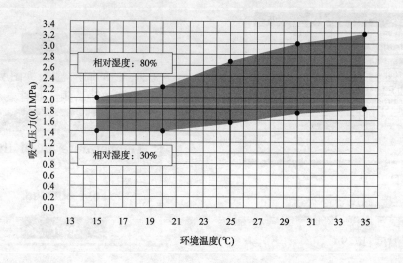

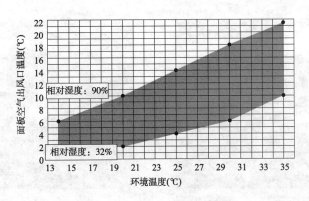

2. 考核要点

（1）正确运行空调系统。

（2）空调性能检测时，正确设置车辆所处的状态，如车门、车窗、风速、出风模式、制冷模式、内外循环模式、发动机转速等。

（3）正确记录环境温度、环境湿度、高低压侧压力、出风口温度、出风口湿度。

（4）能够按 JT/T 774—2010 的规范要求正确使用空调诊断仪进行空调系统故障诊断。

（5）能够正确标注吸气压力与环境温度图表、空调出风温度与环境温度图表。

（6）根据标注图表，能够正确判断空调性能。

四、所需工具、辅料和设备

（1）科鲁兹 2013 款 1.6L 天地版。
（2）空调性能诊断仪（RA007PLUS）一台。
（3）车内、车外三件套和车轮挡块。
（4）防护眼镜和防护手套。

五、任务实施

活动1　空调诊断仪安装及检测的条件

1 取出主机，挂在发动机罩上。

操作提示

空调诊断仪不能用铁钩直接挂在发动机罩上，需要用自带的绑带缠绕（因为发动机和空调系统需要运转），防止损伤设备。

2 旋出高、低压维修阀口的阀帽。

操作提示

注意要穿戴防护用品，以免高、低压维修阀口泄漏而造成伤害。

3 连接高压传感器，并与高压维修阀口相连接。

4 连接低压传感器,并与低压维修阀口相连接。

5 同时旋开高、低压传感器。

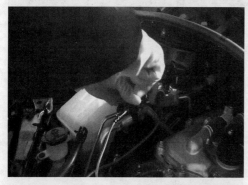

6 连接T1、T2、T3、T4传感器。依次夹在冷凝器入口、冷凝器出口、蒸发器入口、蒸发器出口处。

操作提示

在离开冷凝器入口、出口、蒸发器入口、出口约5cm处正确连接传感器,注意不能接错;传感器接头注意与金属管路要紧密接触,防止脱落或测量数据不准确。

7 整理线束。

操作提示

高、低压传感器线束与T1、T2、T3、T4传感器线束都要确保不能与发动机高温及旋转部件接触,以免造成损坏。

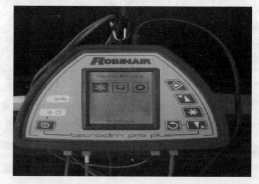

8 按开机键,打开空调诊断仪。

操作提示

如无法开机,则说明空调诊断仪亏电,需要连接电源。

9 选择空调诊断菜单,按确认键。

◆ 任务六 空调性能检验

11 配置空调系统参数，按确认键。

操作提示

需按照车辆空调系统配置进行设置，若设置错误，可能会影响诊断结果。

12 取出 THR 传感器，测量环境温度和湿度。

10 选择测量模式，按确认键。

操作提示

距离车辆 2m 外打开 THR 传感器，以免影响测量结果。

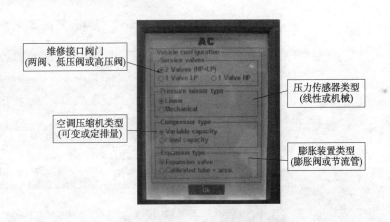

13 将 THR 传感器放置在中央出风口处。

操作提示

THR 传感器在放置时注意不要放反，否则影响测量效果。

14 起动车辆。

操作提示

出于安全方面的考虑，需要踩住制动踏板，检查驻车制动器、变速器挡位处于 P 挡，以免造成溜车，避免出现意外伤害。

15 打开鼓风机，鼓风机开关调至最大风速挡。

16 打开 AC 开关，运行空调系统。

17 空调系统温度调节至最低温度。

18 进风风门设置为外循环状态。

19 出风模式设置为正面出风。

20 按下车窗玻璃升降开关，打开所有车窗。

任务六　空调性能检验

21 打开车辆所有车门。

22 保持发动机转速在 1500～2000r/min。

23 运行空调系统 3～5min，记录高、低压侧压力值及车内温度和湿度。

24 关闭鼓风机、关闭 A/C 开关。

操作提示

防止因鼓风机在发动机未起动的情况下旋转，导致蓄电池亏电，影响正常起动。

25 升起所有车窗，关闭点火开关。

26 拆卸空调诊断仪前首先佩戴好防护手套和防护眼镜。

操作提示

不可佩戴普通的棉纱手套，它只能起到隔热作用。需要佩戴专业的橡胶纱手套，防止制冷剂冻伤手。

27 关闭高压传感器,关闭低压传感器。

操作提示

连接高低压维修阀口时,不关闭手阀会导致制冷剂喷溅,造成意外伤害。

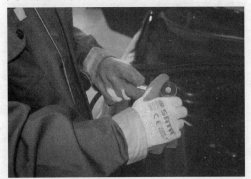

28 清洁高压传感器,清洁低压传感器。

操作提示

防止灰尘和污物对制冷系统产生影响。

29 整理高、低压传感器线束。

30 拧上高、低压维修阀口的阀帽。

操作提示

尽可能提早的拧上阀帽,防止灰尘或污物进入空调系统。

31 清洁高压维修阀口,清洁低压维修阀口。

操作提示

防止灰尘和污物对制冷系统产生影响。

32 依次拆卸 T1、T2、T3、T4 传感器。

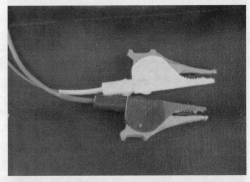

33 整理 T1、T2、T3、T4 传感器线束。

34 取下空调诊断仪主机。

任务六 空调性能检验

35 取下 THR 传感器,关闭所有车门。

活动2 空调性能分析及判断

1 选择空调诊断菜单,按确认键。

2 选择自诊断模式,按确认键。

3 配置空调系统参数,按确认键。

操作提示

需按照车辆空调系统配置进行设置,若设置错误,可能会影响诊断结果。

4 取出 THR 传感器,测量环境温度和湿度(见前页图)。

> **操作提示**
> 距离车辆 2m 外打开 THR 传感器,以免影响测量结果。

5 将 THR 传感器放置在中央出风口处。

> **操作提示**
> THR 传感器在放置时要注意不要放反,否则影响测量效果。

6 起动车辆。

> **操作提示**
> 出于安全方面的考虑,需要踩住制动踏板,检查驻车制动器、变速器挡位处于 P 挡,以免造成溜车,避免出现意外伤害。

7 打开鼓风机,鼓风机开关调至最大风速挡。

8 打开 A/C 开关,运行空调系统。

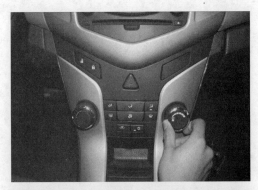

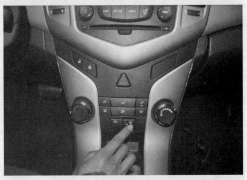

9 空调系统温度调节至最低温度。

10 进风风门设置为外循环状态。

11 出风模式设置为正面出风。

12 按下车窗玻璃升降开关,打开所有车窗。

操作提示

若诊断结果显示效果好,则不显示。

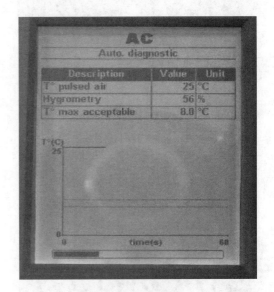

13 打开车辆所有车门。

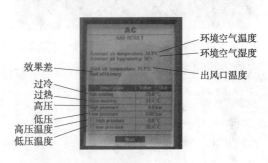

环境空气温度
环境空气湿度
出风口温度
效果差
过冷
过热
高压
低压
高压温度
低压温度

14 保持发动机转速在 1500~2000r/min,运行空调系统 3~5min。

局部单元的线路故障
压缩机故障
膨胀阀堵塞

15 使用仪器开始诊断,时间为60s。

16 诊断结果显示。按确认键。

17 可能故障原因显示,按确认键,保存诊断结果;按下标键、确认键,退出。

18 关闭鼓风机、关闭 A/C 开关。

操作提示

防止因鼓风机在发动机未起动的情况下旋转导致蓄电池亏电,影响正常启动。

19 升起所有车窗,关闭点火开关。

20 拆卸空调诊断仪前首先佩戴好防护手套和防护眼镜。

操作提示

不可佩戴普通的棉纱手套,它只能起到隔热作用。需要佩戴专业的橡胶纱手套,防止制冷剂冻伤手。

21 关闭高压传感器,关闭低压传感器。

操作提示

连接高低压维修阀口时,不关闭手阀会导致制冷剂喷溅,造成意外伤害。

22 清洁高压传感器,清洁低压传感器。

操作提示

防止灰尘和污物对制冷系统产生影响。

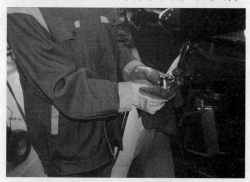

23 整理高、低压传感器线束。
24 拧上高、低压维修阀口的阀帽。

操作提示

尽可能提早的拧上阀帽,防止灰尘或污物进入空调系统。

25 清洁高压维修阀口,清洁低压维修阀口。

任务六 空调性能检验

操作提示

防止灰尘和污物对制冷剂系统产生影响。

26 依次拆卸 T1、T2、T3、T4 传感器。

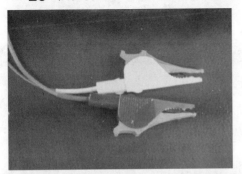

27 整理 T1、T2、T3、T4 传感器线束。

28 取下空调诊断仪主机。

29 取下 THR 传感器,关闭所有车门。

30 将测量模式参数与图标上参数相比较,对空调性能进行分析。

操作提示

两个标注点都在阴影范围内为空调性能符合要求,若有任何一个标注点不在阴影范围内,则不符合要求。

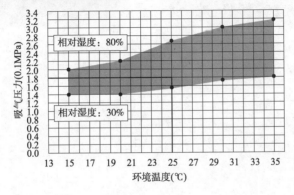

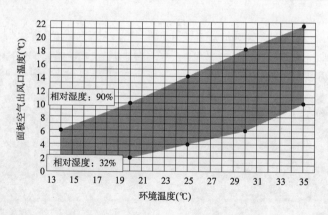

六、任务评价表

任务评价表(满分100分)　　完成时间_____

考核时间	配分	评价标准	得分
10 (min)	60	未清洁管路与接头,扣2分	
		未佩戴防护眼镜,扣3分	
		未佩戴橡胶纱手套,扣3分	
		未正确放置空调诊断仪(直接铁钩挂在发动机罩上),扣5分	
		未正确连接汽车空调诊断仪,每接错一个传感器,扣2分,最多扣10分	
		未打开所有车门,降下车窗,扣5分	
		未将风速设为最大,正面出风,扣5分	
		未设定为外循环,扣5分	
		未将制冷模式设为最冷,扣5分	
		发动机转速未处于1500~2000r/min,扣5分	
		未正确记录环境温度,扣2分	
		未正确记录环境湿度,扣2分	
		未正确记录高压侧压力,扣2分	
		未正确记录低压侧压力,扣2分	
		未正确记录空调出风温度,扣2分	
		未正确记录空调出风湿度,扣2分	
10 (min)	40	未打开所有车门,降下车窗,扣5分	
		未将风速设为最大,正面出风,扣5分	
		未设定为外循环,扣5分	
		未将制冷模式设为最冷,扣5分	
		发动机转速未处于1500~2000r/min,扣5分	
		未正确标注吸气压力与环境温度图表,扣5分	
		未正确标注空调出风温度与环境温度图表,扣5分	
		未能根据图表,正确判断空调性能,扣5分	

任务七　电器故障诊断

一、任务说明

一辆2013款科鲁兹汽车发现空调系统无制冷效果，经检测发现空调压缩机不运转，请完成对空调系统的维修。

本项工作任务目的是对空调系统的电器故障进行正确查找与检测。

二、理论知识

1. 空调压缩机离合器的工作过程

雪佛兰科鲁兹1.6L/AT手动空调压缩机控制系统主要由Q2空调压缩机离合器、B1空调制冷剂压力传感器、B39空调蒸发器温度传感器、S34HVAC控制开关组件、K33HVAC控制模块、K20发动机控制模块及相关线路等组成。在需要的时候它能接通或切断发动机与压缩机之间的动力传递。当压缩机过载时，它还能起到一定的保护作用。

雪佛兰科鲁兹1.6L/AT手动空调压缩机离合器控制电路图如图所示。空调压缩机皮带轮与发动机曲轴皮带轮相连，发动机运转时空调压缩机皮带轮转动，此时空调压缩机并未工作。当压缩机电磁离合器线圈通电时，产生磁场使从动盘与皮带轮结合，空调压缩机工作。科鲁兹空调压缩机离合器主要受KR29空调压缩机离合器继电器控制。KR29继电器的85号和30号端子均为电源，86号端子受K20发动机控制单元控制搭铁，KR29继电器触点吸合，30号端子与87号端子接通后把电压输送给空调压缩机离合器，离合器吸合，压缩机工作。

2. 空调制冷剂压力传感器的工作过程

雪佛兰科鲁兹1.6L/AT手动空调制冷剂压力传感器控制电路图如图所示。科鲁兹空调制冷剂压力传感器为线性压力传感器，主要用于测量制冷系统中制冷剂的压力，当制冷系统中压力一旦超过程序里设定值，就会起动冷凝器风扇转动，降低冷凝器温度，从而降低高压管路的压力。当制冷系统中压力一旦低于或高于程序里的设定值，ECU会断开电磁离合器，保护空调压缩机。

3. 空调蒸发器温度传感器的工作过程

雪佛兰科鲁兹1.6L/AT手动空调蒸发器温度传感器控制电路图如图所示。科鲁兹空调蒸发器温度传感器为热敏电阻，主要用于测量制冷系统中蒸发器的温度。当蒸发器温度达到3℃，ECU会断开电磁离合器，保护蒸发器防止结冰。

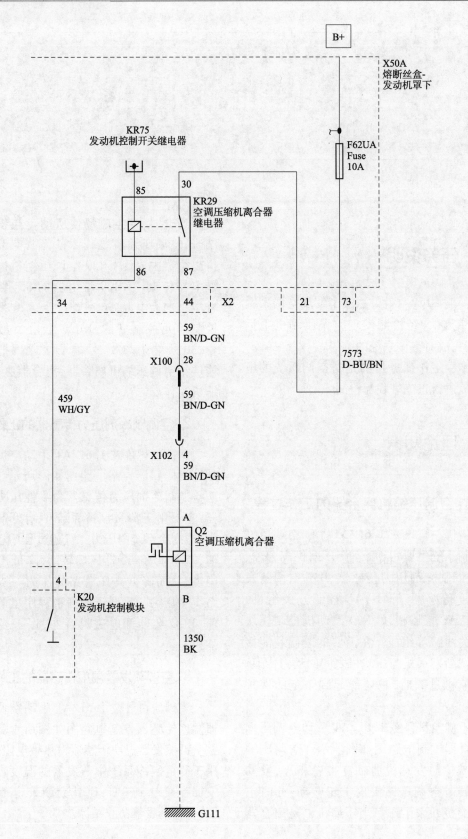

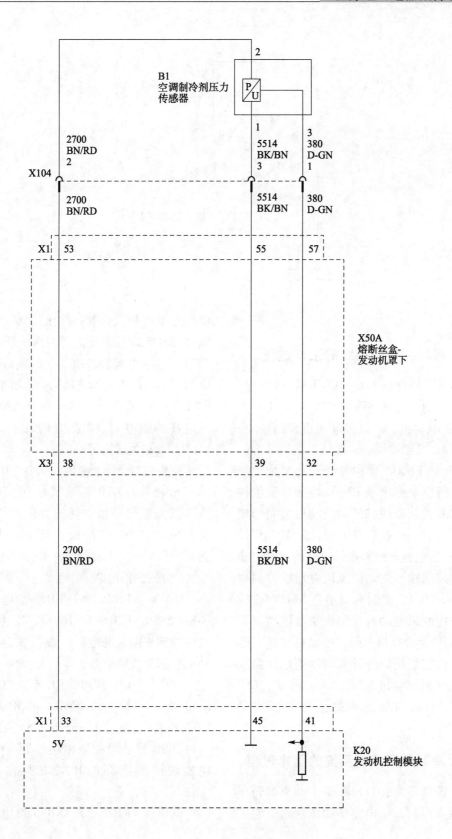

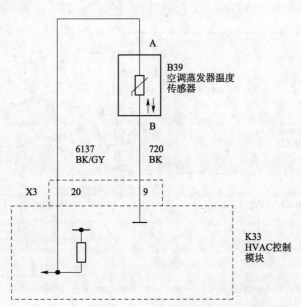

4. 鼓风机控制系统的工作过程

雪佛兰科鲁兹1.6L/AT手动空调轿车鼓风机控制系统电路图如图所示,它主要由M8鼓风电动机、K8鼓风电动机控制模块、K33HVAC控制模块、S34HVAC控制开关组件、熔断丝F11DA及相关线路等组成。鼓风电动机控制模块是HVAC控制开关组件与HVAC控制模块和鼓风电动机之间的接口。来自HVAC控制开关组件与HVAC控制模块、蓄电池正极和搭铁电路的鼓风电动机转速控制输入启动鼓风机电动机控制模块运转。HVAC控制开关组件与HVAC控制模块向鼓风电动机控制模块提供脉宽调制(PWM)信号以指令鼓风电动机转速。鼓风电动机控制模块将脉宽调制信号转换成相应的鼓风电动机电压,该电压在2~13V范围内变动,与脉宽调制信号的频率呈线性。

5. 冷凝风扇控制系统的工作过程

雪佛兰科鲁兹1.6L/AT手动空调轿车冷凝风扇控制系统电路图如图所示。它主要由G10冷却风扇电动机、K20发动机控制模块、KR75发动机控制开关继电器、KR20F冷却风扇继电器、KR20C冷却风扇低速继电器、KR20E冷却风扇转速控制继电器、KR20P冷却风扇中速继电器、KR20D冷却风扇高速继电器、熔断丝F42UA,F45UA,F46UA及相关线路等组成。

科鲁兹冷凝风扇共有高速、中速、低速三个挡位。K20发动机控制模块根据冷却液温度信号和空调压力信号,控制相关继电器工作,使冷凝风扇以不同转速运转。

(1)低速挡电路。

①B+→KR75/85→KR75继电器线圈→KR75/86→K20/X1-16,K20发动机控制模块控制KR75继电器线圈搭铁,KR75发动机控制开关继电器工作。

②B+→KR75/30→KR75继电器触点→KR75/87→熔断丝F46UA→KR20F/86→KR20F继电器线圈→KR20F/85→K20/X1-44,K20发动机控制模块控制KR20F继电器线圈搭铁,KR20F冷却风扇继电器工作。

③B+→KR75/30→KR75继电器触点

→KR75/87→熔断丝 F46UA→KR20C/86→KR20C 继电器线圈→KR20C/85→KR20F/30→KR20F 继电器触点→KR20F/87→搭铁，KR20C 冷却风扇低速继电器工作。

④B+→熔断丝 F42UA→KR20C/30→KR20C 继电器触点→KR20C/87→G10/2→冷却风扇电动机→G10/1→搭铁，冷却风扇低速运转。

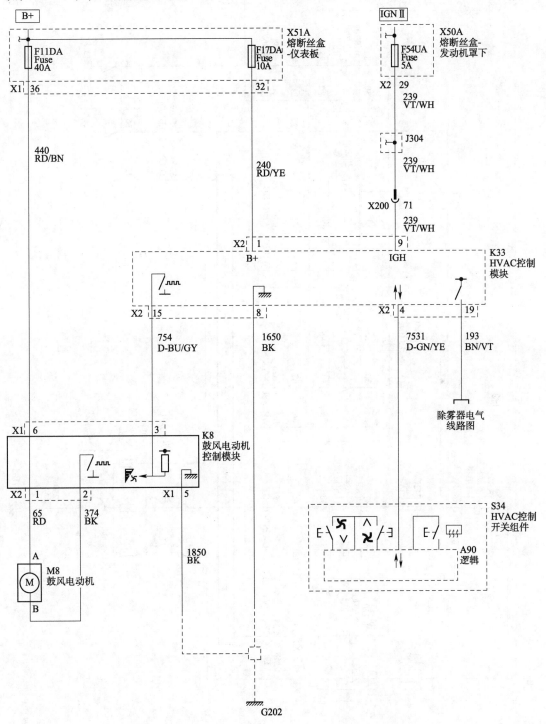

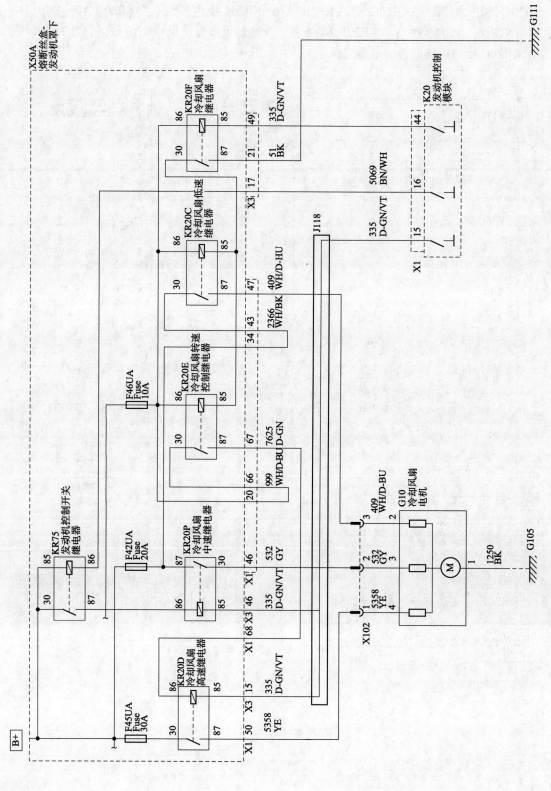

(2)中速挡电路。

①B+→KR75/85→KR75 继电器线圈→KR75/86→K20/X1-16,K20 发动机控制模块控制 KR75 继电器线圈搭铁,KR75 发动机控制开关继电器工作。

②B+→KR75/30→KR75 继电器触点→KR75/87→KR20P/86→KR20P 继电器圈→KR20P/85→K20/X1-15,K20 发动机控制模块控制 KR20P 继电器线圈搭铁,KR20P 冷却风扇中速继电器工作。

③B+→熔断丝 F42UA→KR20P/87→KR20C 继电器触点→KR20P/30→G10/3→冷却风扇电动机→G10/1→搭铁,冷却风扇中速运转。

(3)高速挡电路。

①B+→KR75/85→KR75 继电器线圈→KR75/86→K20/X1-16,K20 发动机控制模块控制 KR75 继电器线圈搭铁,KR75 发动机控制开关继电器工作。

②B+→KR75/30→KR75 继电器触点→KR75/87→熔断丝 F46UA→KR20F/86→KR20F 继电器线圈→KR20F/85→K20/X1-44,K20 发动机控制模块控制 KR20F 继电器线圈搭铁,KR20F 冷却风扇继电器工作。

③B+→KR75/30→KR75 继电器触点→KR75/87→熔断丝 F46UA→KR20E/86→KR20E 继电器线圈→KR20E/85→KR20F/30→KR20F 继电器触点→KR20F/87→搭铁,KR20E 冷却风扇转速控制继电器工作。

④B+→KR75/30→KR75 继电器触点→KR75/87→熔断丝 F46UA→KR20E/30→KR20E 继电器触点→KR20E/87→KR20D/86→KR20D 继电器线圈→KR20D/85→K20/X1-15,K20 发动机控制模块控制 KR20D 继电器线圈搭铁,KR20P 冷却风扇高速继电器工作。

⑤B+→熔断丝 F45UA→KR20D/30→KR20D 继电器触点→KR20D/87→G10/4→冷却风扇电动机→G10/1→搭铁,冷却风扇高速运转。

冷凝风扇控制系统出现故障会影响发动机冷却液温度和空调系统压力。科鲁兹冷凝风扇控制系统的常见故障分为两大类:一类是冷凝风扇不转;另一类是冷凝风扇常转。

冷凝风扇不转故障表现为当冷凝风扇工作条件满足时,例如冷却液温度达到一定值时或空调开启时,冷凝风扇却没有运转。冷凝风扇不转故障有三种表现形式:冷凝风扇单个挡位不工作、冷凝风扇两个挡位不工作、冷凝风扇所有挡位都不工作。

冷凝风扇常转故障表现为当冷凝风扇工作条件不满足时,例如冷却液温度未达到一定值时或空调未开启时,冷凝风扇却开始运转。冷却风扇常转故障有三种表现形式:低速常转、中速常转、高速常转。

三、技术标准

1.故障诊断过程

(1)确认故障现象。根据目测及简单的手段初步判断出明显的故障现象。

(2)初步检查。

①在发动机起动前读取发动机系统故障码。

②起动发动机,不开启空调时读取发动机数据流,查看与空调系统相关的数据流是否正常。

③起动发动机,开启空调系统数据流和故障码。

(3)确定故障范围。根据对电器类故障的初步检查结果,分析、确定合理的故障范围。

(4)检测过程。在确定的故障范围内

对可能的故障点进行检测。

（5）确认故障点。根据检测过程得到的相关数据，锁定故障点。

（6）故障排除方法。正确描述故障的排除方法。

（7）故障排除后验证。空调系统故障排除后，应使用故障检测仪读取空调系统的故障码和数据流。

2.考核要点

（1）正确检查空调系统电器故障。

（2）正确读取故障码和数据流。

（3）正确使用万用表、试灯等检测仪器。

（4）正确查阅维修手册，按照维修手册检测步骤要求对车辆故障进行检测。

（5）正确完成故障排除后的验证。

（6）正确填写作业工单。

四、所需工具、辅料和设备

（1）科鲁兹 2013 款 1.6L 天地版。

（2）数字万用表。

（3）故障诊断仪。

（4）测试导线。

（5）车内、车外三件套和车轮挡块。

（6）防护眼镜和防护手套。

五、任务实施

活动1 确认故障现象与初步检查

1 佩戴好防护手套和防护眼镜。

操作提示

不可佩戴普通的棉纱手套，它只能起到隔热作用。回收制冷剂需要佩戴专业的橡胶纱手套，防止制冷剂冻伤手。

2 关闭高压快速接头，关闭低压快速接头。

操作提示

连接高低压维修阀口时，不关闭手阀会导致制冷剂喷溅，造成意外伤害。

3 清洁高压快速接头，清洁低压快速接头。

操作提示

防止灰尘和污物对制冷剂系统产生

任务七 电器故障诊断

影响。

4 清洁高压维修阀口,清洁低压维修阀口。

> **操作提示**
>
> 防止灰尘和污物对制冷剂系统产生影响。

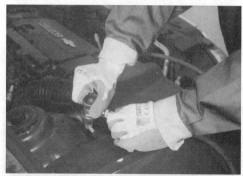

5 连接高压维修阀口,连接低压维修阀口。

> **操作提示**
>
> 连接时确认手阀连接是否可靠,防止泄漏。

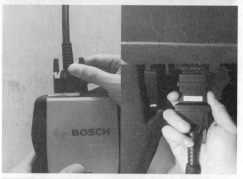

6 打开高压快速接头,打开低压快速接头。

7 连接故障诊断仪。

> **操作提示**
>
> 确认点火开关处于关闭位置,防止在连接故障诊断仪时烧毁仪器或熔断丝。

8 读取发动机系统故障码。

9 起动车辆。

> **操作提示**
>
> ①出于安全方面的考虑,需要踩住制动踏板,检查驻车制动器、变速器挡位处于

73

"P"挡,以免造成溜车,避免出现意外伤害。

②注意鼓风机、AC 开关是否已经关闭,防止对故障造成误判。

10 观察冷却风扇是否运转。

操作提示

①冷凝风扇控制系统出现故障会影响发动机冷却液温度和空调系统压力。科鲁兹冷凝风扇控制系统的常见故障分为两大类:一类是冷凝风扇不转;另一类是冷凝风扇常转。

②冷凝风扇不转故障表现为当冷凝风扇工作条件满足时,例如冷却液温度达到一定值时或空调开启时,冷凝风扇却没有运转。冷凝风扇不转故障有三种表现形式:冷凝风扇单个挡位不工作、冷凝风扇两个挡位不工作、冷凝风扇所有挡位都不工作。

③冷凝风扇常转故障表现为当冷凝风扇工作条件不满足时,例如冷却液温度未达到一定值时或空调未开启时,冷凝风扇却开始运转。冷却风扇常转故障有三种表现形式:低速常转、中速常转、高速常转。

11 观察 AC350 面板上高低压力值接近平衡位置。

操作提示

鼓风机、A/C 开关处于关闭状态,若高低压力有明显压差且压力表指针跳动,说明压缩机处于已经运转状态。

12 读取发动机故障码和数据流。

操作提示

查看与空调系统相关的数据流是否正常。

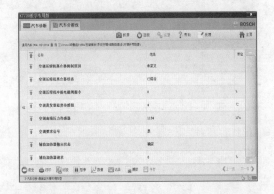

13 打开鼓风机,鼓风机开关调至最大风速挡。

14 打开 A/C 开关,运行空调系统。

15 空调系统温度调节至最低温度。

16 进风风门设置为外循环状态。

任务七 电器故障诊断

扇低速运转,当压力达到 1600kPa 时冷却风扇应当中速运转,冷却风扇旋转后,空调系统高压压力应逐渐下降,如果不下降,则说明冷却风扇存在低速不工作故障,中速、高速也是如此。

18 观察 AC350 面板上高低压力值。

操作提示

此时低压为 200kPa 左右,高压为 100kPa 左右,若高低压力无明显压差,说明压缩机未按指令要求进入运转状态。

19 读取空调系统数据流和故障码。

17 观察冷却风扇是否运转。

操作提示

①故障诊断仪中读取到的压力数据应与 AC350 面板上的压力值进行核对比较,防止压力传感器数据失真,形成故障。

②空调压缩机必须满足以下条件:蓄电池电压介于 9~18V 之间、发动机冷却液温度低于 124℃、发动机转速大于 600r/min、发动机转速小于 5500r/min、空调高压侧压力在 269~2929kPa、节气门位置小于 100%、蒸发器温度高于 3℃、发动机控制模块没有检测到转矩负载过大、发动机控制模

操作提示

当空调系统压力约 1300kPa 时冷却风

75

块没有检测到怠速不良、环境温度高于1℃。

活动2 压缩机离合器故障检测过程

1 打开点火开关,使用故障诊断仪动作测试功能,测试空调压缩机离合器继电器,离合器不吸合。

2 拔下Q2线束连接器,打开点火开关,使用诊断仪动作测试功能,测试空调压缩机离合器继电器,测量Q2/A与搭铁的电压值。如果电压值为0V,则进入步骤4;如果电压值为11~14V,则进入步骤3。

3 测量Q2/B与搭铁的电阻值。如果电阻值为∞,则修复离合器搭铁线路断路故障;如果电阻值小于2Ω,则更换Q2空调压缩机离合器。

4 拔下KR29继电器,通电测试KR29空调压缩机离合器继电器,测量KR29/30与KR29/87的电阻值。如果电阻值为∞,则更换KR29空调压缩机离合器继电器;如果电阻值小于2Ω,则进入步骤5。

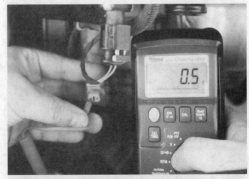

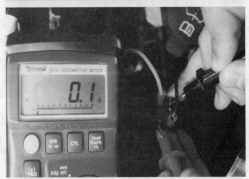

5 测量继电器座KR29/30与搭铁的电压值。如果电压值为0V,则进入步骤6;如果电压值为12V,则进入步骤7。

6 测量熔断丝F62UA的电阻值。如果电阻值为∞,则更换熔断丝;如果电阻值小于2Ω,则进入步骤12。

7 打开点火开关,测量继电器座KR29/85与搭铁的电压值。如果电压值为0V,则更换X50A熔断丝盒;如果电压值为11~14V,则进入步骤8。

阻值。如果电阻值为∞,则进入步骤14;如果电阻值小于2Ω,则更换K20发动机控制模块。

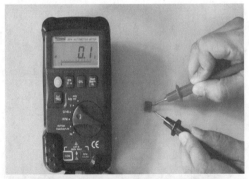

8 测量继电器座 KR29/87 与 Q2/A 线路电阻值。如果电阻值为∞,则进入步骤13;如果电阻值小于2Ω,则进入步骤9。

 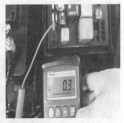

9 将蓄电池负极电缆断开。

10 拔下 K20/X1 线束连接器,测量继电器座 KR29/86 与 K20/X1-4 线路的电

11 拆卸 X50A 熔断丝盒 3 个固定螺栓,取出 X50A 熔断丝盒。

12 测量 X50A/X2-21 与 X50A/X2-73 线路的电阻值。如果电阻值为∞,修复该线路断路故障;如果电阻值小于2Ω,更换 X50A 熔断丝盒。

13 测量 X50A/X3-44 与 Q2/A 线路的电阻值。如果电阻值为∞,则修复该线路断路故障;如果电阻值小于2Ω,则更换

X50A 熔断丝。

14 测量 X50A/X3-34 与 K20/X1-4 线路的电阻值。如果电阻值为∞，则修复该线路断路故障；如果电阻值小于 2Ω，则更换 X50A 熔断丝盒。

活动 3　空调制冷剂压力传感器压力过低故障检测过程

1 打开点火开关，使用故障诊断仪读取发动机系统故障码，故障码为 P0532：空调压力传感器电路电压过低。歧管压力表高、低压力显示系统压力正常。

2 拔下 B1 线束连接器，测量 B1/1 与搭铁的电阻值，电阻值应小于 4Ω。

3 打开点火开关，测量 B1/2 与搭铁的电压值。如果电压值为 0V，则进入步骤 4，如果电压值为 4.8~5.2V，则正常。

4 关闭点火开关，将蓄电池负极电缆断开。

5 拔下 K20/X1 线束连接器，测量 B1/2 与 K20/X1-33 线路的电阻值。如果电阻值为∞，则进入步骤 8，如果电阻值小于 2Ω，则进入步骤 6。

6 测量 B1/3 与 K20/X1-41 线路的电阻值。如果电阻值为∞，则进入步骤 12；如果电阻值小于 2Ω，则进入步骤 7。

7 测量 K20/X1-4 与搭铁的电阻值。如果电阻值为∞，则进入步骤 15；如果电阻值小于 2Ω，则进入步骤 18。

8 拆卸 X50A 熔断丝盒 3 个固定螺

栓,取出 X50A 熔断丝盒。

9 测量 X50A/X3 - 38 与 K20/X1 - 33 的电阻值。如果电阻值为∞,则修复该线路断路故障;如果电阻值小于2Ω,则进入步骤10。

10 测量 B1/2 与 X50A/X1 - 53 线路的电阻值。如果电阻值为∞,则进入步骤11;如果电阻值小于2Ω,则更换 X50A 熔断丝盒。

11 拔下 X104 线束连接器,测量 B1/2 与 X104/2 线路的电阻值。如果电阻值为∞,则修复该线路断路故障;如果电阻值小于2Ω,则修复 X104/2 与 X50A/1 - 53 线路断路故障。

12 测量 X50A/X3 - 32 与 K20/X1 - 41 线路的电阻值。如果电阻值为∞,则修复该线路断路故障;如果电阻值小于2Ω,则进入步骤13。

13 测量 B1/3 与 X50A/X1 - 57 线

路的电阻值。如果电阻值为∞,则进入步骤14;如果电阻值小于2Ω,则更换X50A熔断丝盒。

14 拔下X104线束连接器,测量B1/3与X104/1线路的电阻值。如果电阻值为∞,则修复该线路断路故障;如果电阻值小于2Ω,则修复X104/1与X50A/1-57线路断路故障。

15 测量X50A/X3-32与搭铁的电阻值。如果电阻值为∞,则进入步骤16;如果电阻值小于2Ω,则修复该线路对地短路故障。

16 测量X50A/X1-57与搭铁的电阻值。如果电阻值为∞,则更换X50A熔断丝盒;如果电阻值小于2Ω,则进入步骤17。

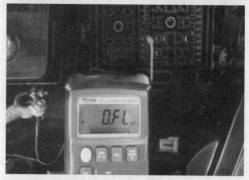

17 拔下X104线束连接器,测量B1/3与搭铁的电阻值。如果电阻值为∞,则修复X50A/X1-57与X104/1线路对地短路故障;如果电阻值小于2Ω,则修复B1/3与X104/1线路对地短路故障。

18 安装X50A熔断丝盒,连接K20/X1线束器和蓄电池负极,短接B1/2与B1/3端子,打开点火开关,使用故障诊断仪读取发动机故障码。如果故障码变为P0533:空调压力传感器电路电压过高,则更换B1空调制冷剂压力传感器;如果故障码仍为P0532:空调压力传感器电路电压过低,则更

换 K20 发动机控制模块。

活动 4　空调蒸发器温度传感器故障检测过程

1　打开点火开关,使用故障诊断仪读取空调系统故障码。如果故障码为 B3933:空调蒸发器温度传感器电路的状态为高电压/开路,则进入步骤 2。

如果故障码为 B3933:空调蒸发器温度传感器电路的状态为对地短路,则进入步骤 8。

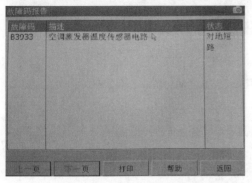

2　拆下 B39 线束连接器,测量 B39/B 与搭铁的电阻值。如果电阻值为∞,则进入步骤 6;如果电阻值小于 2Ω,则进入步骤 3。

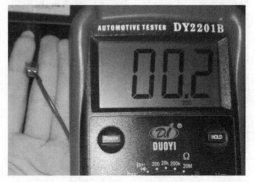

3　打开点火开关,测量 B39/A 与搭铁的电压值。如果电压值为 0V,则进入步骤 7;如果电压值为 4.8～5.2V,则进入步骤 4。

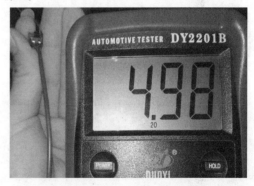

4　测量 B39 空调蒸发器温度传感器电阻值。如果电阻值为∞或 0Ω,则更换 B39 空调蒸发器温度传感器;如果电阻值能随温度变化而变化,则更换 K33HVAC 控制模块。

5　关闭点火开关,将蓄电池负极电缆

断开。

6 拆下 K33/X3 线束连接器,测量 B39/B 与 K33/X3-9 线路的电阻值。如果电阻值为∞,则修复该线路断路故障;如果电阻值小于2Ω,则更换 K33HVAC 控制模块。

7 测量 B39/A 与 K33/X3-20 线路的电阻值。如果电阻值为∞,则修复该线路断路故障;如果电阻值小于2Ω,则更换 K33HVAC 控制模块。

8 测量 K33/X3-20 与搭铁的电阻值。如果电阻值为∞,则进入步骤9;如果电阻值小于2Ω,则修复该线路对地短路故障。

9 测量 K33/X3-20 与 K33/X3-9 端子的电阻值。如果电阻值为∞,则更换 K33HVAC 控制模块;如果电阻值小于2Ω,则修复线路间短路故障。

活动5 鼓风机不转故障检测过程

1 打开点火开关,调节鼓风机挡位开关,测量出风口风速,风速为0m/s,表明鼓风机不转。

2 使用故障诊断仪读取空调系统故障码。如果无故障码,进入步骤3。

如果有故障码,故障码为B0193:前鼓风机电动机速度电路的状态为低电压/开路,则进入步骤9。

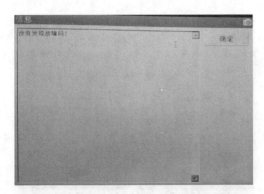

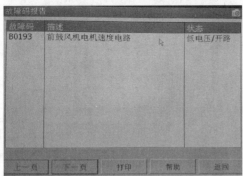

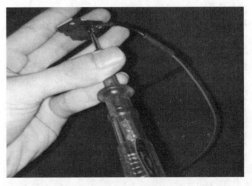

5 测量 M8/A 与搭铁的电压值。如果电压值为 0V，则进入步骤 6；如果电压值为 11~14V，则进入步骤 9。

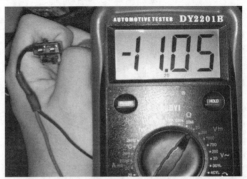

6 拔下 K8/X2 线束连接器，测量 K8/X2-1 与 M8/A 线路的电阻值。如果电阻值为 ∞，则修复该线路断路的故障；如果电阻值小于 2Ω，则更换 K8 鼓风机电动机控制模块。

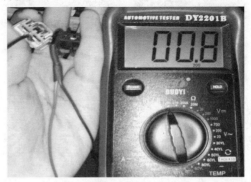

3 打开点火开关，调节鼓风机挡位开关，使用故障诊断仪读取鼓风机电动机速度指令、风扇电动机开关数据流。如果数据流与鼓风机挡位不一致，应更换 S34HVAC 控制开关组件；如果数据流与鼓风机挡位一致，则进入步骤 4。

4 拔下 M8 线束连接器，在 M8/A 与 M8/B 之间连接一个试灯，打开点火开关，调节鼓风机挡位开关。如果试灯不点亮，则进入步骤 5；如果试灯亮度随着挡位增加而增加，则更换 M8 鼓风机电动机。

7 测量 K8/X2-2 与 M8/B 线路的电阻值。如果电阻值为 ∞，则修复该线路断路故障；如果电阻值小于 2Ω，则更换 K8 鼓风机电动机控制模块。

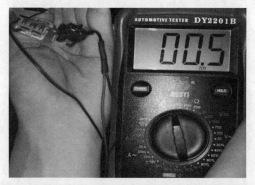

8 拔下 K8/X1 线束连接器,测量 K8/X1-6 与搭铁的电压值。如果电压值为 0V,则进入步骤 9;如果电压值为 11~14V,则进入步骤 11。

9 测量熔断丝 F11DA 的电阻值。如果电阻值为 ∞,则更换熔断丝;如果电阻值小于 1Ω,则进入步骤 10。

10 测量 X51A/X1-36 与 K8/X1-6 线路的电阻值。如果电阻值为 ∞,则修复该线路断路故障;如果电阻值小于 2Ω,则更换 X51A 熔断丝盒—仪表板。

11 测量 K8/X1-5 与搭铁的电阻值。如果电阻值为 ∞,则修复该线路断路故障;如果电阻值小于 2Ω,则进入步骤 12。

12 将蓄电池负极电缆断开。

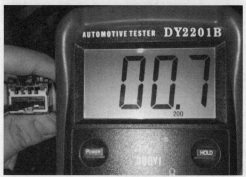

13 拔下 K33/X2 线束连接器,测量 K8/X1-3 与 K33/X2-15 的电阻值。如果电阻值为 ∞,则修复该线路断路故障;如果电阻值小于 2Ω,则进入步骤 14。

14 测量 K8/X1-3 与搭铁的电阻值。如果电阻值小于 2Ω,则修复该线路对地短路故障;如果电阻值为 ∞,则更换 K8 鼓风机电动机控制模块。

15 如果更换 K8 鼓风机电动机控制模块后,鼓风机仍然不工作,应更换 K33HVAC 控制模块。

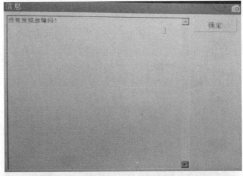

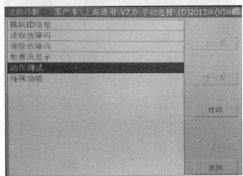

活动6 冷凝风扇低速不转故障检测过程

1 起动发动机,运转空调系统,冷凝风扇低速不转,空调系统高压压力逐渐升高至1.75~1.8MPa,冷凝风扇中速运转。

2 打开点火开关,使用故障诊断仪读取发动机系统故障码,系统无故障码,进入步骤3。

3 打开点火开关,使用诊断仪动作测试功能,测试冷却风扇继电器1,冷凝风扇低速不转。

4 拔下G10线束连接器,打开点火开关,使用诊断仪动作测试功能,测试冷却风扇继电器1,测量G10/2与搭铁的电压值。如果电压值为0V,则进入步骤5;如果电压值为11~14V,则更换G10冷却风扇电动机。

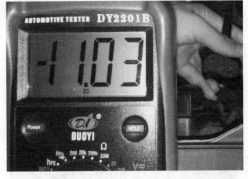

5 关闭点火开关,拔下KR20F继电器,测量继电器座KR20F/87与搭铁的电阻值。如果电阻值为∞,则进入步骤11;如果电阻值小于2Ω,则进入步骤6。

6 打开点火开关,测量继电器座KR20F/30与搭铁的电压值。如果电压值为

0V,则进入步骤7;如果电压值为11~14V,则通电测试KR20F冷却风扇继电器,判断KR20F冷却风扇继电器的好坏。

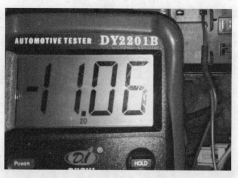

9 测量继电器座KR20C/30与搭铁的电压值。如果电压值为0V,则进入步骤14;如果电压值为11~14V,则进入步骤10。

7 关闭点火开关,拔下KR20C继电器,测量继电器座KR20C/85与KR20F/30的电阻值。如果电阻值为∞,则修复该线路断路故障;如果电阻值小于2Ω,则进入步骤8。

10 关闭点火开关,测量继电器座KR20C/87与G10/2线路的电阻值。如果电阻值为∞,则进入步骤15;如果电阻值小于2Ω,则通电测试KR20F继电器,判断KR20F继电器的好坏。

8 打开点火开关,测量继电器座KR20C/86与搭铁的电压值。如果电压值为0V,则更换X50A熔断丝盒—发动机罩下;如果电压值为11~14V,则更换KR20C冷却风扇低速继电器。

11 将蓄电池负极电缆断开。

12 拆卸X50A熔断丝盒—发动机罩下3个固定螺栓,取出X50A熔断丝盒,测量X50A/X3-21与搭铁的电阻值。如果电阻值为∞,则修复该线路断路故障;如果电阻值小于2Ω,则更换X50A熔断丝盒。

13 测量 X50A/X1-34 与 X50A/X1-43 线路的电阻值。如果电阻值为∞,则修复该线路断路故障；如果电阻值小于2Ω,则更换X50A熔断丝盒。

14 测量 X50A/X1-47 与 G10/2 线路的电阻值。如果电阻值为∞,进入步骤16；如果电阻值小于2Ω,更换X50A熔断丝盒。

15 拔下 X102 线束连接器,测量 X102/3 与 G10/2 线路的电阻值。如果电阻值为∞,则修复该线路断路故障；如果电阻值小于2Ω,则修复 X102/3 与 X50A/X1-47 线路断路故障。

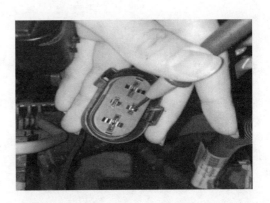

六、任务评价表

任务评价表（满分100分）　　　**完成时间**_____

考核时间	配分	评 价 标 准	得 分
10 （min）	100	未按要求读取故障码，扣10分	
		未正确使用万用表，扣10分	
		未断负极拔插各电器的接插件，扣10分	
		故障现象判定不准确，扣10分	
		带电测量电阻，扣10分	
		未正确读取AC350压力表数值，扣10分	
		未正确查阅维修手册，扣15分	
		故障恢复后未验证故障码和数据流，扣15分	
		未正确检测继电器和保险丝，扣10分	

任务八　制冷系统循环故障诊断

一、任务说明

一辆2013款科鲁兹汽车发现空调系统无制冷效果，经检测发现空调压缩机不运转，请完成对空调系统的维修。

本项工作任务目的是对空调系统的机械故障和电器故障进行正确查找与检测。

二、理论知识

汽车空调制冷系统的常见故障有不制冷故障、制冷不足故障、间歇性制冷故障和异响故障四大类。

1. 不制冷故障

（1）故障现象。

①打开鼓风机开关及A/C开关，鼓风机工作正常，但压缩机不转动，系统不制冷。

②打开鼓风机开关及A/C开关，压缩机转动，但鼓风机不转动，系统无冷风。

③打开鼓风机开关及A/C开关，鼓风机与压缩机均正常，但不制冷。

（2）故障原因。

①风量正常，压缩机不工作：压缩机故障、电磁离合器故障、压缩机皮带断裂或太松等。

②压缩机工作，鼓风机无风：鼓风机电动机损坏、鼓风机开关损坏、鼓风机变阻器损坏、鼓风机线路故障等。

③风量正常，压缩机工作：压缩机故障、膨胀阀故障、蒸发器泄漏、制冷剂软管破损或松动、储液干燥器内过滤器堵塞等。

2. 制冷不足故障

（1）故障现象。

打开鼓风机开关及A/C开关，用温度计在蒸发器出风口测量的温度大于5℃或车内温度高于正常的调节温度。

（2）故障原因。

①制冷不良：制冷剂过少或过多、系统中有空气、系统中有水分、系统中有脏物等。

②压缩机不良：压缩机损坏、压缩机皮带过松、电磁离合器打滑等。

③蒸发不良：空调滤清器堵塞、蒸发器片堵塞、鼓风机转速不够等。

④冷凝器不良：冷凝器片堵塞、冷凝器散热风量小等。

⑤膨胀阀不良：膨胀阀滤网堵塞、膨胀阀开度过大、膨胀阀感温包泄漏、膨胀阀感温包包扎不好等。

⑥其他原因：送风通道堵塞、空调外循环风门关闭不严、蒸发器温度传感器故障等。

3. 间歇性制冷故障

（1）故障现象。

打开鼓风机开关及 A/C 开关，供给冷气量间断不连续，各出风口冷风时有时无。

（2）故障原因。

①电磁离合器工作不良：电磁离合器打滑、电磁离合器供电电压不足、电磁离合器线圈电路接触不良等。

②电器元件不良：鼓风机接触不良、鼓风机变阻器故障、温控器故障等。

③制冷管路不良：系统冰堵、膨胀阀失灵、系统中水分过多。

4. 异响故障

（1）故障现象。

空调系统工作时，其部位产生异常响声。

（2）故障原因。

①外部异响：压缩机皮带噪声、压缩机噪声、电磁离合器噪声、鼓风机噪声、护板敲击噪声等。

②内部异响：系统内有水汽，导致膨胀阀发出噪声；高压侧压力过高，引起压缩机振动；制冷剂过少，膨胀阀发出噪声；鼓风机叶片断裂或与其他部件相碰；冷冻机油太少或无油等。

5. 制冷循环的故障诊断

汽车空调制冷循环系统一般由空调压缩机、冷凝器、储液干燥器、节流阀、蒸发器及高、低压管路等组成。它们各自发挥着作用，任何一个部件损坏或性能不良，都会造成制冷效果变差甚至完全失效。制冷循环的故障可通过系统高、低压力值进行诊断。

（1）制冷剂不足。高、低压力值均偏低，如图所示。

①症状：不制冷或制冷剂不足。制冷循环中见到的现象：高、低压力均偏低；通过观察孔可不断看到气泡。

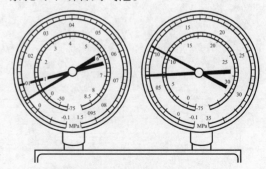

②原因：制冷系统漏气。

③诊断：制冷剂不足、制冷剂泄漏。

④措施：检查有无泄漏，必要时进行维修；加注适量的制冷剂。

（2）制冷剂循环不良。高、低压力值均偏低，如图所示。

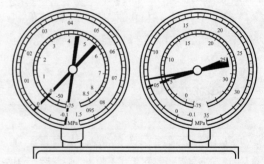

①症状：制冷不足。制冷循环中见到的现象：高、低压力均偏低；从储液干燥器至制冷装置的管路结霜。

②原因：储液干燥器中脏物阻碍制冷剂流动。

③诊断：储液干燥器堵塞。

④措施：更换储液干燥器。

（3）制冷剂不循环。低压压力为负压，高压压力值偏低，如图所示。

①症状：不制冷。制冷循环中见到的现象：低压压力为负压，高压压力值偏低；储液干燥器或膨胀阀两侧管路有结霜或冷凝现象。

②原因：制冷剂的流动被制冷系统中的湿气或灰尘堵塞；膨胀阀内部漏气造成制冷

剂流动中断。

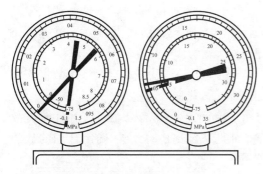

③诊断:制冷剂不循环。

④措施:更换膨胀阀;更换冷凝器;更换储液干燥器;重新加注适量制冷剂。

(4)制冷剂加注过量或冷凝器散热效果不良,高、低压力值均偏高,如图所示。

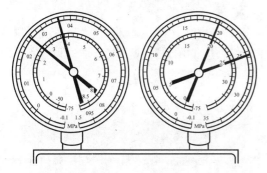

①症状:制冷不足。制冷循环中见到的现象:高、低压力值均偏高;发动机转速下降,通过观察孔也看不到气泡。

②原因:制冷剂加注过量;冷凝器散热效果不良。

③诊断:制冷剂过量;冷凝器散热片堵塞。

④措施:清洁冷凝器;检查冷凝风扇运转情况;回收多余制冷剂。

(5)制冷系统中有空气。高、低压力值均偏高,如图所示。

①症状:制冷不足。制冷循环中见到的现象:高、低压力值均偏高;低压管路过热,不能触碰;通过观察孔能看到气泡。

②原因:充注时抽真空不够;抽真空后充注过程中有空气进入制冷系统。

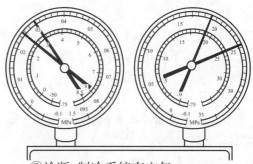

③诊断:制冷系统有空气。

④措施:重新抽真空并加注制冷剂;如仍然出现上述症状,更换储液干燥器及压缩机冷冻机油。

(6)膨胀阀失效。高、低压力值均偏高,如图所示。

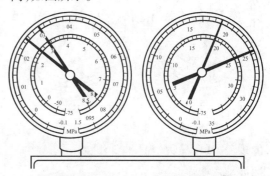

①症状:制冷不足。制冷循环中见到的现象:高、低压力值均偏高;低压管路有结霜或大量冷凝现象。

②原因:膨胀阀失效(针阀开启过大)。

③诊断:低压管路中液态制冷剂过量;膨胀阀开度过大。

④措施:更换膨胀阀。

(7)压缩机压缩量不足。低压压力值偏高,高压压力值偏低,如图所示。

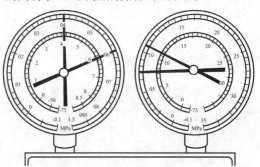

①症状:不制冷。制冷循环中见到的现象:低压压力值偏高,高压压力值偏低;空调停止工作后,低压压力与高压压力立即趋于平衡。

②原因:压缩机内部泄漏。

③诊断:压缩能力过低;阀门损坏引起泄漏或压缩机部件损坏。

④措施:更换压缩机。

(8)制冷系统中有湿气。低压压力有时呈负压,高、低压力周期波动变化,如图所示。

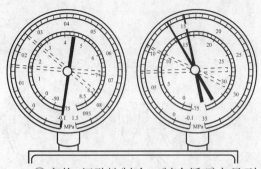

①症状:间歇性制冷。制冷循环中见到的现象:低压压力有时呈负压,高、低压力周期波动变化。

②原因:制冷系统中的湿气在膨胀阀节流孔处冻结,导致制冷剂循环停止。当系统停止后重新暖机,冰融化且暂时恢复正常工作。

③诊断:储液干燥器或集液器处于过饱和状态。

④措施:更换储液干燥器或集液器。

三、技术标准

1. 故障诊断过程

(1)确认故障现象。根据目测及简单的手段初步判断出明显的故障现象。

(2)初步检查。

①在发动机起动前读取发动机系统故障码。

②起动发动机,不开启空调时读取发动机数据流,查看与空调系统相关的数据流是否正常。

③起动发动机,开启空调系统数据流和故障码。

(3)确定故障范围。根据对机械类故障的初步检查结果,分析、确定合理的故障范围。

(4)检测过程。在确定的故障范围内对可能的故障点进行检测。

(5)确认故障点。根据检测过程得到的相关数据,锁定故障点。

(6)故障排除方法。正确描述故障的排除方法。

(7)故障排除后验证。空调系统故障排除后,应使用故障检测仪读取空调系统的故障码和数据流。

2. 考核要点

(1)正确检查空调系统制冷循环故障。

(2)正确读取故障码、数据流和系统压力。

(3)正确使用万用表、试灯等检测仪器。

(4)正确查阅维修手册,按照维修手册检测步骤要求对车辆故障进行检测。

(5)正确完成故障排除后的验证。

(6)正确填写作业工单。

四、所需工具、辅料和设备

(1)科鲁兹2013款1.6L天地版。

(2)数字万用表。

(3)故障诊断仪。

(4)测试导线。

(5)车内、车外三件套和车轮挡块。

(6)防护眼镜和防护手套。

任务八 制冷系统循环故障诊断

五、任务实施

活动1 制冷剂不足故障检测过程

1 打开A/C开关,运行空调系统。
2 空调系统温度调节至最低温度。
3 进风风门设置为外循环状态。

4 发现空调系统制冷效果不佳。

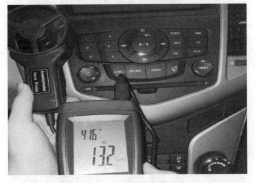

5 观察表组,高低压表组压力均偏低。

操作提示

高低压表组压力观察至一个相对稳定值,确认有无泄漏状况。

6 关闭点火开关。
7 佩戴好防护手套和防护眼镜。

操作提示

不可佩戴普通的棉纱手套,它只能起到隔热作用。回收制冷剂需要佩戴专业的橡胶纱手套,防止制冷剂冻伤手。

8 打开高、低压快速接头。
9 打开AC350高、低压手阀。
10 记录回收前制冷剂量。
11 确认,进行回收。

操作提示

回收时,禁止起动车辆。

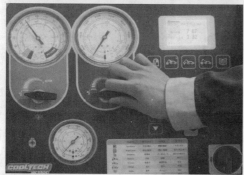

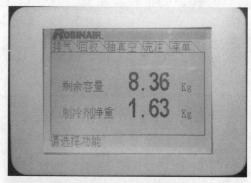

操作提示

制冷剂标准量为 0.665kg。

活动2 制冷剂循环不良（冷凝器出口堵）

1 打开 A/C 开关，运行空调系统。

2 空调系统温度调节至最低温度。

3 进风风门设置为外循环状态。

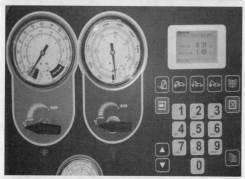

4 发现空调系统制冷效果不佳。

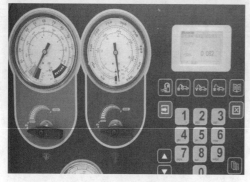

12 记录回收后的制冷剂量。

13 回收后的制冷剂量减去回收前的制冷剂量，发现制冷剂量为 X kg，制冷剂量过少。

5 观察表组，高低压表组压力均

偏低。

操作提示

高低压表组压力观察至一个相对稳定值。

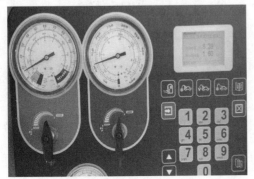

6 观察管路,发现从 B1 压力传感器至制冷装置的管路结霜。

7 观察 V30 数据流:空调高端压力、蒸发器温度。

操作提示

查看与空调系统相关的数据流是否正常。

8 关闭点火开关。

9 挂置空调性能鉴别仪。

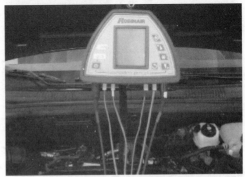

10 佩戴棉纱手套。

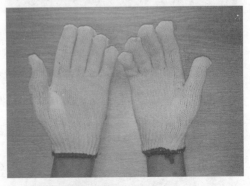

11 TK1 连至冷凝器出口。

12 TK2 连至高压维修阀口前方。

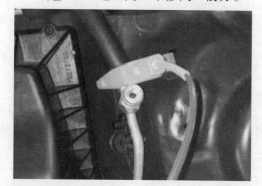

13 起动车辆。

操作提示

出于安全方面的考虑,需要踩住制动踏板,检查驻车制动器、变速器挡位处于"P"挡,以免造成溜车,避免出现意外伤害。

14 记录高压维修阀口前方温度、冷凝器出口温度。

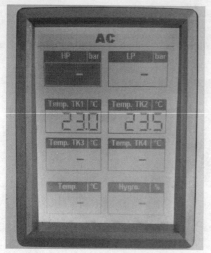

15 检查冷凝器出口至高压维修阀口管路有无变形,确认故障。

活动3 制冷剂不循环（膨胀阀堵塞）

1 打开 A/C 开关,运行空调系统。

2 空调系统温度调节至最低温度。

3 进风风门设置为外循环状态。

4 发现空调系统制冷效果不佳。

5 观察表组,低压压力为负压,高压压力值偏低。

6 观察管路,膨胀阀两侧管路有冷凝水分。

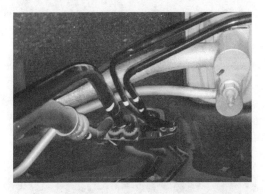
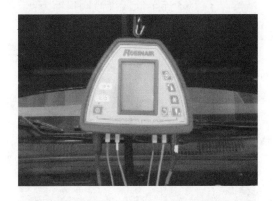

7 观察 V30 数据流：空调高端压力、蒸发器温度。

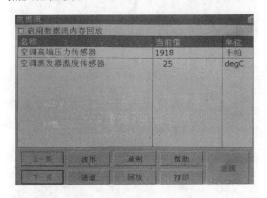
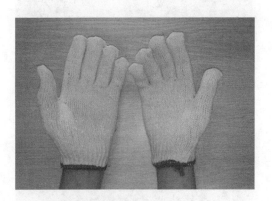

8 关闭点火开关。

9 挂置空调性能鉴别仪。

10 佩戴棉纱手套。

11 TK1 连至冷凝器出口。

12 TK2 连至高压维修阀口前方。

13 TK3 连至低压维修阀口前方。

14 TK4 连至高压维修阀口后方。

15 起动车辆。

操作提示

　　出于安全方面的考虑,需要踩住制动踏板,检查驻车制动器、变速器挡位处于"P"挡,以免造成溜车,避免出现意外伤害。

16 记录 TK1 至 TK4 温度。

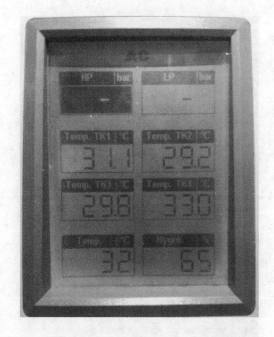

17 检查高压维修阀口至膨胀阀管路有无变形。

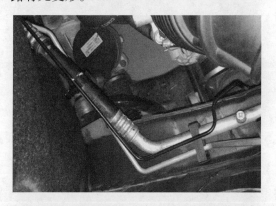

18 检查膨胀阀至低压维修阀口管路有无变形,确认故障。

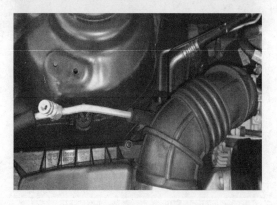

活动4 制冷剂加注过量或冷凝器散热效果不良

1 打开 A/C 开关，运行空调系统。

2 空调系统温度调节至最低温度。

3 进风风门设置为外循环状态。

4 发现空调系统制冷效果不佳。

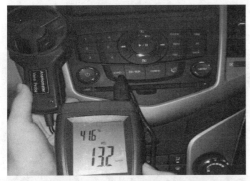

5 观察表组，高、低压压力均偏高。

操作提示

高低压表组压力观察至一个相对稳定值。

6 检查冷凝风扇运转情况。

7 检查冷凝风扇散热片有无堵塞。

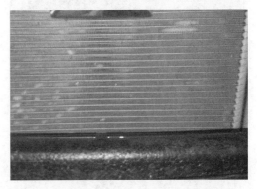

8 佩戴好防护手套和防护眼镜。

操作提示

不可佩戴普通的棉纱手套，它只能起到隔热作用。回收制冷剂需要佩戴专业的橡胶纱手套，防止制冷剂冻伤手。

9 打开高、低压快速接头。

10 打开 AC350 高、低压手阀。

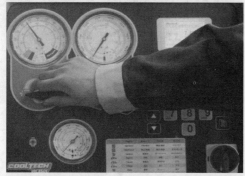

11 记录回收前制冷剂量。

ROBINAIR
排气 \ 回收 \ 抽真空 \ 充注 \ 菜单
剩余容量   9.21 kg
制冷剂净重   0.78 kg
请选择功能

12 确认,进行回收。

操作提示

回收时,禁止起动车辆。

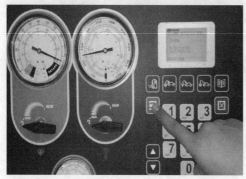

13 记录回收后的制冷剂量。

ROBINAIR
排气 \ 回收 \ 抽真空 \ 充注 \ 菜单
剩余容量   8.16 kg
制冷剂净重   1.83 kg
请选择功能

14 回收后的制冷剂量减去回收前的制冷剂量,发现制冷剂量为 X kg,制冷剂量过多。

操作提示

制冷剂标准量为 0.665kg。

活动5 膨胀阀失效(常开)

1 打开 A/C 开关,运行空调系统。

2 空调系统温度调节至最低温度。

3 进风风门设置为外循环状态。

4 发现空调系统制冷效果不佳。

5 观察表组,高、低压压力均偏高。

⚙ 操作提示

高低压表组压力观察至一个相对稳定值。

6 观察管路,膨胀阀至低压管路有冷凝水分现象。

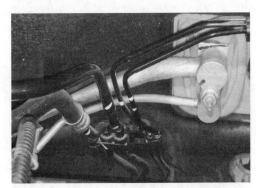

7 观察 V30 数据流:空调高端压力、蒸发器温度。

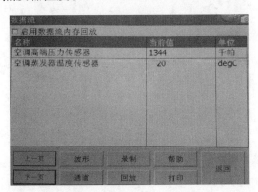

8 关闭点火开关。

9 挂置空调性能鉴别仪。

10 佩戴棉纱手套。

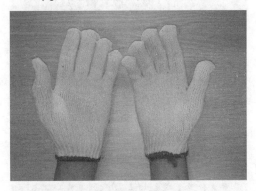

11 TK1 连至冷凝器出口。

12 TK2 连至高压维修阀口前方。

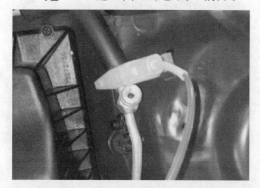

13 TK3 连至低压维修阀口前方。

14 TK4 连至高压维修阀口后方。

15 起动车辆。

操作提示

　　出于安全方面的考虑,需要踩住制动踏板,检查驻车制动器、变速器挡位处于"P"挡,以免造成溜车,避免出现意外伤害。

16 记录 TK1~TK4 温度。

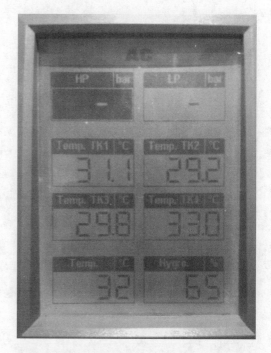

17 检查高压维修阀口至膨胀阀管路有无变形。

18 检查膨胀阀至低压维修阀口管路有无变形,确认故障。

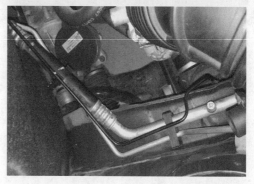

六、任务评价表

任务评价表(满分100分)　　完成时间_____

考核时间	配分	评价标准	得分
10 (min)	11	未清洁管路与接头,扣1分	
		未佩戴防护眼镜,扣1分	
		未佩戴橡胶纱手套,扣1分	
		未运行空调系统,扣1分	
		运行空调系统期间,发动机转速未达到运行标准,扣1分	
		未正确记录工作罐初始制冷剂量,扣1分	
		未采用高低压双管路回收,扣1分	
		未根据AC350面板上高低压读数判断,压力降至-68.95kPa,并继续保持1min视为完全回收,扣1分	
		未按AC350确认键完成排油过程,扣1分	
		未正确计算制冷剂回收量,扣1分	
		未正确计算排油量为废油瓶中的最终油量-初始油量,扣1分	